文學叢刊

陳福成著

一個軍校生的台大閒情

——讓我明心見性的道場

文史哲出版社印行

國家圖書館出版品預行編目資料

一個軍校生的台大閒情：讓我明心見性的道
場 / 陳福成著. -- 初版. -- 臺北市：文史哲,
民 97.05
頁： 公分. --（文學叢刊；200）
ISBN 978-957-549-783-5 (平裝)

848.6　　　　97009085

文學叢刊 200

一個軍校生的台大閒情

讓我明心見性的道場

著　　者：陳　福　成
出 版 者：文 史 哲 出 版 社
http://www.lapen.com.tw
登記證字號：行政院新聞局版臺業字五三三七號
發 行 人：彭　正　雄
發 行 所：文 史 哲 出 版 社
印 刷 者：文 史 哲 出 版 社
臺北市羅斯福路一段七十二巷四號
郵政劃撥帳號：一六一八〇一七五
電話886-2-23511028・傳真886-2-23965656
實價新臺幣二八〇元
中華民國九十七年（2008）六月初版

ISBN 978-957-549-783-5

沙教授序：

一個軍校生的台大閒情

——序陳教官的台大經驗

陳福成主任教官退役後，潛心於學術及文學領域，努力從事著述，成爲當代著名的作家。他的興趣廣闊，對大陸問題和兩岸關係著墨甚多，尤其很能把握中華文化的核心價值，文學作品亦甚豐富。

陳教官正値盛年，著作已經等身，若包含大學、高中職教科書在內，已出版著作超過四十册，其終身成就必未可限量。

陳教官的生涯規劃常使同儕稱羨，退役迄今九年餘，他除專心著作及兼任空大講師外，加入台大退休人員聯誼會、教授聯誼會、登山會，參與本校志工服務。近年又加入佛光山台北教師分會，皈依星雲大師，法號本肇居士。陳教官自從民國八十三年轉任台灣大學主任教官以來，一帆風順，有如老鼠突然跌進了一個大米倉一般幸運。台大的環境優越，書海浩瀚，名師雲集，加上他本身的秉賦及努力，終於才有今天的大成就，難怪陳教官稱台大是「讓我明心見性的道場」。

陳教官囑我為其新著「一個軍校生的台大閒情：讓我明心見性的道場」寫序，我欣然允諾。原先計劃抽閱幾篇就開始寫，豈知該書內容豐富，愈讀愈感興趣，變為每篇必讀，而且挑燈夜讀，廢寢忘食，可知教官作家的功力非同凡響。

本書的第一篇台大椰林醉月記事，係陳教官在職期間及退休後參與本校的各項活動記錄，包含登山會、退聯會、教聯會等記事，旅遊記行尤其精彩。

第二篇椰林醉月情，係現代詩格式記述他在台大的心境，如三月花季以及想像中的美人、椰林風月、醉月湖情景，甚具詩情畫意及羅曼蒂克情調，亦見陳教官的詩藝素養。

第三篇椰林醉月詩鈔，係以傳統詩風格吟詠台大的人事師友。我很驚訝的發現，他對每一個稱詠的人所用的詞句，都很切合情義美善，語帶鼓勵，使被稱詠的人都會感到很興奮快慰。

總之，這是一本好書，雖說「閒情」，但明心見性就在閒情之中，一個軍校生在台大能有這種領悟，確實是很獨特的。值得大家閱覽並學習。

沙依仁民國九十七年三月於台大退聯會

沙依仁教授簡介：

國立台灣大學社會系教授，空中大學兼任教授，現任台大退休人員聯誼會理事長。

包副校長序：

一位軍職臺大人的校園情懷

擔任軍職，能夠武德與文采兼備，是相當難得的。陳福成主任教官大作「一個軍校生的臺大閒情」，表現了軍人的才情。文中所述及的人事時地，一草一木，讀之均予人濃濃地親切感。

陳主任教官任職臺大期間，走過的不僅是長長的椰林大道，也走過那民主轉型的動盪歲月。軍訓教官處境之困難，我當時曾親眼目睹。教官多年來對校園的貢獻，當時似乎一瞬間都遭到了質疑。所幸隨著時間的考驗，教官同仁重新拾回了應有的尊嚴。書中對教官的甘苦和貢獻，有很深的著墨，一路讀來，有著一份兒共鳴。

也許因爲書名是「閒情」吧，陳主任教官所揮灑的滿是睹物思情與同事情誼，從登山活動、公餘隨筆、退休聯誼、宗教之旅，有個人的抒情，有對周遭環境細膩的觀察，有對校園的禮讚。小至草木之情，大至愛國情操、民族情懷，陳主任教官所彰顯的是對風景、歷史與人物的高敏銳度，如果說書中迴盪的是一縷人文精神，亦不爲過。

陳主任教官由部隊轉入臺大校園，面對落差極大的氛圍，不僅能面對它，適應它，甚至融入它。這本書與其說是一個軍校生的臺大閒情，倒不如說是一位軍職臺大人的校園情懷，因爲作者透過書中語帶感情的筆觸，早已將自己和臺大緊密地結合在一起了。

包宗和民國九十七年四月於臺大行政副校長室

包宗和教授簡介：

國立台灣大學政治學系教授、社會科學院院長，現任台灣大學副校長。

自序：關於「一個軍校生的台大閒情——讓我明心見性的道場」

「台大」和「軍校」，在我們的社會背景下，是兩個「衝突」的語意，「台大人」和「軍校生」是很不協調的，有時甚至對立的。但我後來發現這之間的「統一」與「協調」，這其實是一個正常社會的「原點」。而這種過程必有「奇緣」。

民國八十三年我離開野戰部隊，轉任台灣大學當教官，原以爲軍旅生涯即將劃下句點。卻意外的，在台大有了五年的「奇緣」，更因這段奇緣，使我至今仍在台大擔任校園志工，並且到二〇〇八年沐春，這大約十三年間，各出版社爲我出版了將近四十本書（含大學、高中職用教科書）。

在我「五十不惑」（時英版，二〇〇四年）這本書的自序中，我提到這樣的感受。來到台灣大學，我兩眼爲之一亮，這裡左派、右派、中間，乃至潛藏都市叢林中的儒者、俠者、狷介、浪漫者……各家高手，竟有機會同台切磋。就台灣大學整體觀之，仍不失爲「猛志逸四海，騫翮思遠翥，觀鑒參造化，吉象定天樞」（引「台大五十年語」。我在此靜觀許多曠世龍象，在這裡高臥或深居。朝夕浸淫濡染，我終於才發現，台灣大學是可以讓人「明心見性」的道場，是我該來參拜的「廟」。我生命中的寶物，就在這廟裡發現的。

台灣大學是一個讓人挖寶礦的地方，安身立命謀生的好地方，更是過退休生活度閒情的好處所，是附近居民的好鄰居，許多人在這裡度晨昏、看夕陽。這些點滴的人和事綴輯成三篇，「台大椰林醉月記事」是參與台大活動的單篇文章和詩歌，「椰林醉月情」是現代詩，「椰林醉月詩鈔」是非正式的傳統詩詞。一個軍校生的台大閒情，並非有系統的嚴謹論著，而是一些閒情散記，分散在各期刊雜誌或舊著之中，將有關台大者綴輯成書。

感謝台灣大學副校長包宗和教授、退休人員聯誼會理事長沙依仁教授爲本書作序，文史哲出版社老闆彭正雄先生鼎力相助，使閒情添增光彩和重量，亦爲我無上光榮。盼與本校師生校友，及有緣人分享垂教焉。二〇〇八年春。

國立台灣大學校園志工
自由作家陳福成謹識

一個軍校生的台大閒情 目錄

第二篇 椰林醉月情……一〇七

椰林大道

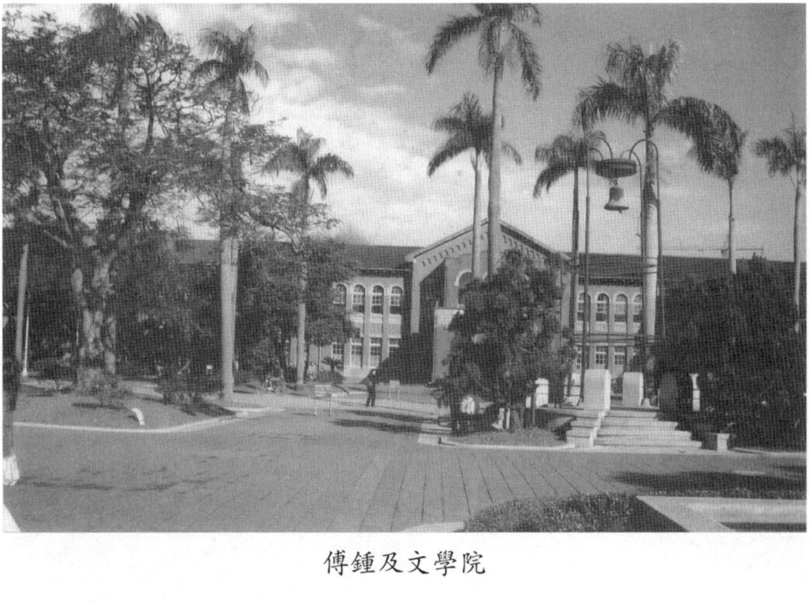

傅鐘及文學院

台大正門

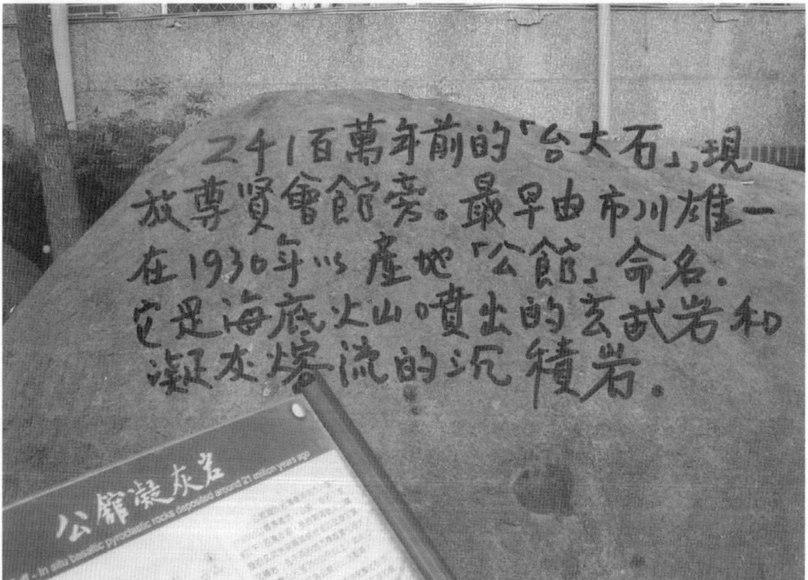

二千一百萬年前的「台大石」

傅斯年校長墓園

行政大樓

台大退聯會年會：左起，副理長許文富教授、
理事長沙依仁教授、副校長包宗和教授、
主秘傅立成博士、教務長蔣丙煌教授。

台大三友參加遠望雜誌年會，
左起：路統信、吳元俊、陳福成（本書作者）
三人都是校園志工。

「台大退聯會」出遊活動

「台大退聯會」新社古堡一日遊。右二是理事長沙依仁教授

「台大退聯會」出遊，左起：吳信義、彭振剛、陳福成

「台大退聯會」出遊，
左起：吳普炎學長、沙依仁教授、本書作者陳福成

「台大退聯會」出遊，理事長沙依仁教授、本書作者陳福成

台大退联会2007.11.22.台中新社古堡一遊
前排左起：主任教官吳普堯、理事長沙依仁教授、
主秘彭振剛先生.
後排左起：主任教官吳信義、主任教官陳福成
2007/11/22

「台大退聯會」出遊活動

教官參加導師營活動（民 85 墾丁）

台大教官、軍護聚會，最前是總教官李長嘯將軍（2001 年）

在第一會議室演講暨新書發表會，與佳賓合影，左四是「台大教授聯誼會」理事長江簡富教授。（民92）

演講會場與佳賓合影（民92）

民國 92 年元月 8 日，在本校第一會議室演講「兩岸關係發展與變局」，並舉行新書發表會，與妻在會場合影

1997 暑假在本校梅峰農場，回來後寫「巧遇梅峰禪修者」一詩

民 91 年在向陽山，左是本書作者陳福成，右吳元俊教官。

登山會「三叉向陽嘉明湖」行，左起：吳元俊教官、本書作者陳福成、王潤身教官。（民 91 年）

台大登山會梨山行（民86）

台大登山會梨山行（民86），最左是會長顏瑞和教授。

第一篇

台大椰林醉月記事

軍職最後的五年

——台大椰林醉月記事

當我決定要去台灣大學當教官時，同期學員都以爲我在「跳火坑」，爲甚麼會產生這種印象？當年我們對台灣大學的認知很兩極化。一方面台大是台灣的學術重鎮，台灣能夠「端」出來在國際上與人較量的大學，首推台大；另一方面，最讓當局頭痛的總是台大，因爲台大學生「不乖」，「不聽話！」。民間工商界對台大學生也經常有「怕怕」的心理，台大學生給人的印象也是「怪怪」，愛搞怪，不遵守團體紀律。當老闆的人就是怕部下不乖、不聽話，爲甚麼台大會教出一批不乖、不聽話的孩子呢？而我即將要到台大去面對這些愛搞怪的孩子。

但畢竟「跳火坑」是有風險的，而且也不好玩。更何況在我的軍旅生涯中也從來沒有規劃要到台大當教官，人生就是這麼絕妙，計畫要做的都落空，那些一一實現的都是從未計畫，更從未想到的。這是不是在解釋人生不可預測性及其無常？

這個軍旅生涯的節外生枝——台大五年，事後證明是我半生中最美妙、最有價值的五年，前因後果容我慢慢的道來。

到台灣大學服務是軍旅生涯中的意外，促成這個偶然因果關係的因素，要從我八十二年三軍大學畢業下放花防部說起，大概副指揮官太清閒了，未幾我便到第三處接副處長（處長欠）。部隊參三專管作戰訓練，號稱「不是人幹的」，它是「火車頭」事業，參三動起來其他各參（參一人事、參二情報、參四後勤）才能動起來。我在三處帶領十餘同仁每日苦幹實幹，除負責作戰訓練外，凡上面有國防部長官、監委、立委、各種視察、參訪……無日不有，都要三處做簡報。每日操勞至少十六小時以上，如此過了半年，而處長一職仍然懸缺，眼見是沒我的份。

我慢慢了解，當時我和司令官畢某人根本不認識，任副處長職之前我不知他是何許人！他亦不知我是何許人！只是煩雜的三處業務要有人做，由我去做，至於佔缺的事壓根兒是「五兩棉花」。那個主管職寧可懸缺，放著等一年由他的老部屬來接，這種「誰的人馬、跟著誰升官」在部隊至今仍是難改的惡習。難道只問關係不問才能，已成軍隊文化？

眼見我在野戰部隊升上校的機會已無，心情有夠鬱卒。事後證明「塞翁失馬，焉知非福」，福之爲禍，禍之爲福，化不可極，眞深不可測也。部隊雖失意，卻因而有機會到台灣大學，我的能力始有機會受到欣賞與肯定，從到台灣大學起，我幾乎每年出版一本書，產量可謂驚人。才有「五十不惑」之事，我堅信這個流程有必然因果關係；反之，必然是另一個灰暗的結局。

八十三年我轉任軍訓教官，受完訓後，四月十六日我向台灣大學軍訓室人事官許火利中校完成報到手續。再者，小女佳莉與我同步，也在這天早晨六點於三軍總醫院出生、母女均安，眞是好造化。一般人都認爲台大是「反軍」情結很濃的地方，我在受教官訓時就知道，結訓前大家塡志願都不敢選台大，幾個老弟來問我意見，我故意謔而不虐的笑說「記著蔣公的話，最危險的地方就是最安全的地方。」又自己補一句「最亂的地方就是最好混的地方。」結果教官班四十八期有劉亦哲、王潤身和我等共五人來到台灣大學服務，現在除我退伍外，其他人都幹的很好，劉亦哲還升任東南技術學院主任教官，王潤身也在台大升上校。

慢慢我對台大有些了解，並能親自做「近身觀察」，我稱「台大是威權主義和意識形態的屠宰場」。任何威權主義或意識形態想在台大「著床」，都很難發育、成長，據我粗淺認識從帝大時代到現在，凡有想要入侵台大學術殿堂的「異形」都沒有成功。而有情治、警調、政治或軍事單位，也曾在台大校園「撒野」，最後也都踢到鐵板，還台大自由、自主的本來面目。爲什麼台大有此能耐呢？原來都是有背景因素的。第一、台大幾個前輩校長如傅斯年、沈剛伯、錢思亮，乃至現任校長陳維昭教授，都是當代之碩學通儒，對學術自由和言論自由非常堅持；因而第二、使台大成爲國內自由主義之重鎭，例如前輩自由主義者殷海光教授我就很敬仰。他在民國四十九年就斗膽敢在「自由中國」發表「我對于三民主義的看法和建議」，反對國民黨把三民主義教條化（見自由中國，第廿二卷，第十二期）。殷教授在台大執教多年，五十八年病逝，老一代自由主義受到統獨意識撞擊和威權打壓後，曾一度凋零潛隱，現在的台大也以自由學風，聞名於國內外。

初到台大，聽到不少人說前一年校園掛滿「教官滾出台大校園」的白布條，教官室還被學生群衆重重包圍，我恨的牙癢癢的，怎沒早一年到台大也好見識。八十三年九月又有狀況，台大率先全國各大學把軍訓課改選修，男生選修率竟高達百分之八十六，教官「飯碗」總算保住。隔年又有狀況（八十四年暑假），台大認爲部頒課本太僵化，要求教官自己端出「菜單」講授，這時我已出版了「決戰閏八月」一書，以書爲講義，定課目名稱「國家安全」，大受學生歡迎。其實是我挾十九年野戰部隊經驗對戰爭事務的了解、在三軍大學對軍事戰略打下的基礎，及政治研究所曾用心涉獵相關政治理論，自信應付這些「小朋友」是綽綽有餘。在台大五年我都主講「國家安全」、「戰爭概論」、「波斯灣戰爭」等課程。

八十四年的台大校園是很熱鬧的一年，看的我眼花撩亂，包括男生宿舍開播電台、女生宿舍開播A片、「台大哲學系事件調查」、「四六事件調查」、「台大校園同性戀日」等，各種希奇古怪，我都沒見過，打破了原來的觀念與規範，卻都能公開、自由的在台大舞台上演。

首先在男生宿舍搞社區電台，是由台大建國俱樂部、濁水溪社、台灣歌謠社、掌中劇社與三民主義研究社等五個學生社團共同籌設，五月十六日中午先在校內傅鐘前舉行開播儀式，晚上在男六舍開播，節目有音樂、新聞和現場CALL-IN等。

台大女生也不甘寂寞，由「台大女性研究社」發起，也在同時間在女生宿舍公開播放A片，觀賞完畢後進行情色、色情、藝術、兩性與性知識等問題討論。男舍搞電台，女舍放A片，都是青少年學生有心或無意地在挑釁校園自由的限度，甚至挑戰現有學校規範與法律。身爲軍訓教官非常難爲，管或不管都不對，只能適度去「關心」，媒體樂得每天有新聞報導。六月還有一個熱鬧的劇碼上演，是由台大同性戀社團推出的「校園同性戀日」，以「人人都愛同性戀」爲主軸，展開一系列活動。這些似乎都是看熱鬧的人多，在現實世界裡眞正愛（支持）同性戀的人會是「人人」嗎？

在台大校園的大舞台上，八十四年還有兩個劇碼最受各界注目，對國內政治環境有微妙的影響。一是發生在民國六十二年的「台大哲學系事件」，一是三十八年的「四六事件」（註）。

八十五年再有「狀況三」，台大社運團體發動大規模運動抗議中共文攻武嚇。（凡國內或兩岸有「大事」發生，台大師生通常不會缺席。）這個狀況三容我後面專節再講。（見下節『近身觀察台大學生社運』）

最具震撼性的狀況是八十六年台大把軍訓室總教官（軍訓室主任）改由文職教授取代，爲此兩個單位（台大和教育部軍訓處）關係一度緊張，所幸經雙方首長（校長陳維昭教授、處長宋文將軍）發揮高度耐心與智慧，及多位教授、教官的努力，才使關係緩和，使軍訓教學能在常態中進行。這些爭議來自一個「源頭」，時序回溯八十四年五月「大法官三八〇號釋憲文」，謂「教育部訂定共同必修科目係屬違憲」，應屬「不符大學法中大學自主精神」，意即大學之共同必修科目應「由各校自訂」。而各校是否能本著基本國策及國家情勢的需要，維持軍訓教學則屬「辦學良心」，其可能的連鎖效應是(一)因「反軍訓」致使修軍訓的學生減少；(二)教官任教資格將引起爭議；其他還有打擊教官士氣、形象及教學品質等等。

八十七年三月大法官會議又丟給教官界一顆大炸彈，由謝長廷提出的「釋字第四五〇號釋憲案」：「大學法及施行細則強制大學應設軍訓室並修習軍訓和護理課程違憲」，再度深深震撼軍訓制度，都是終日為學生辛勞的教官們難以承受的痛。這幾年我和許多教官在處長宋文將軍的領導下，到處奔走「滅火」，尋求支持及鼓舞教官士氣。最盛大的一次活動是由軍訓處與淡江大學合辦「第一屆中華民國國防教育學術研討會」，八十七年十月十七日在凱悅飯店舉行，工作小組在三個月前就開始籌備。

小組是由淡江大學戰略研究所所長翁明賢教授領銜，下有楊正平（輔大主任教官）、谷祖盛（華梵總教官）、廖德智（淡江主任教官）、李景素（文化教官）和我（台大主任教官）等任務編組，各再帶領若干工作人員。我另外擔任論文發表人，提報「國家競爭優勢與國家安全」一文，同時邀請國內俊傑之士如淡江副教授施正權博士、交大教授丁崑健博士、美國大西洋理事會顧問曾復生博士等共九人，發表九篇有關國防、軍訓及政治發展的論文。會議順利進行，由教育部長林清江和國防部副部長王文燮共同主持，參與者有黨、政、軍、學各界二百餘人。

有一個小插曲，會議前後花七十多萬，小組一毛都沒，大家效法 國父革命精神到處「化緣」，我到南山保險公司化了十萬元。聽說會後仍欠，多虧處長、淡江大學及幼獅公司等分頭張羅，又請凱悅飯店「打折」，大會才劃下完美的句點。

台大這幾年也有許多溫馨的回憶，我晉陞上校時，校長陳維召教授在校內餐廳主持餐會致詞贊美說：「能一年完成兩本書的，本校只有陳福成，他應該獲得晉陞。」後來我在一本論文集的序曰：

民國八十五年十二月二十八日是個特別的日子。是我軍職第二十八年，任官第二十二年。這一天我晉陞上校，是人生旅程上的一座「界碑」，這一天同時晉陞上校者尚有法學院主任教官吳元俊上校，管理學院主任教官林怡忠上校；晉陞中校者有蔣先凰、陳國慶和詹源興三人。授階典禮於當日在松山商職，由教育部吳京部長主持，軍訓處處長宋文將軍爲我掛階，吳京部長在會中講述教官在校園中的重要性及面臨挑戰，闡揚當前教改理念。國立台灣大學軍訓室總教官李長嘯將軍、台北市教育局局長吳英璋先生、內人潘玉鳳及許多佳賓都前來觀禮。八十六年元月六日晚上，在本校蘇杭餐廳（原僑光堂）

舉行晉陞餐會，校長陳維昭教授親臨主持，本校三長及許多教授、同仁與全體教官百餘人均到場參與，席開十桌。台大有如此盛事，正愁不知如何紀念！夜闌人散，已無記憶。當下決定印自己近年發表的論文，供教學、研究及學生輔導方面之參用。給自己一個鼓勵與紀念，並對長官舉用之識，深表謝忱，贅文誌之。

宴席總要散會。八十八年二月一日我報准正式退伍，三十一年軍旅生涯在台灣大學滿意的結束。那美好的仗我已經打過，當跑的路已經跑盡，所信的道已經守住，從此以後會有公義的冠冕為我存留。軍旅生涯雖長，大多時候只在觀戰，看別人收戰果；待在台大雖短，我親自參戰，自己收戰果。

【註釋】

註一：「台大哲學系事件」，是民國六十二年因一場「民族主義座談會」導致哲學系教師有十三人被解聘，分別是：陳鼓應、趙天儀、王曉波、游祥洲、楊斐華、胡基峻、李日章、陳明玉、梁振生、黃天成、郭實渝、鐘友聯和黃慶明。本案台大在八十二年就開始調查，持續到八十四年，已有多人回復原職。

「四六事件」，是民國三十八年四月六日，部份台大與師大學生因捲入政治漩渦，可能受到迫害的事件。

註二：為因應教育改革的須要，教育部於九十二年二月成立「高級中學國防部通識科課程專案小組」，七月間的會議決議「軍訓課程」名稱改成「國防通識」課程。龍騰出版公司決定出版國防通識相關書籍，找我擔任召集人，找人來寫國防通識五大領域課程（國家安全、兵學理論、軍事知能、軍事戰史、國防科技）。有機會為我們下一代的青年學子做些事，我欣然答應。

民八十五年間的台大學生社運觀察

在國內各大學中，學生最積極參與政治運動、社會運動，乃至各種活動，首推台灣大學。以前如斯，現在或未來可能亦如是。今以社會運動爲例，談談當台大教官時我所見。

前節提的「狀況三」內容特殊，單獨「切割」出來在本節專述。此處所謂「台大學生社運」，概指台灣大學以學生爲主的社團活動及所參與的社會運動。想要「近身觀察」的動機，來自我想印證一些理論，而且我正好身歷其境在台大當教官，爲避免因身份敏感產生不必要的後遺症，還是爲自己訂下近身觀察的原則：「對學生運動有興趣而不介入，親身上舞台但不參演，去接近而不影響活動。」所以那陣子我常到學運集合點附近「遠觀」，也注意媒體報導，在校內找機會與學生多聊。觀察時間是八十五年三月，以下區分背景及現況陳述、觀察及判斷分析、檢討及參考意見等三部份概述之。（本文所提人、事、時、地都是實況，且爲當時各大媒體報導過）

壹、背景及現況陳述

兩岸從八十三年底到八十四年「閏八月震顫」，接著八十五年初又因我總統民選等事，中共對我發動文攻武嚇，國內反應最迅速激烈者是台灣大學的學生社團。

一、三月七日台大改革派學生社團大陸社社長董瑛鎭（夜法律三年級，曾任八十三學年度夜學代），結合建國俱樂部（建國部，以下括弧都指簡稱）、大新社、三研社、掌中劇團、大論社、台文社、學生會、學代會等均屬改革派社團，於台北市「二二八和平公園」（二八園）紀念碑前發起「憤怒之愛」靜坐抗爭，揭開學生抗爭序幕。接續加入的台大社團還有濁水溪社、台灣歌謠社（台歌社）、輕舟社、無線電社、鳳山校友、正氣學會、大氣海洋研究學會（氣海會）、景美校友、師大人文、逢甲論壇、中山女高台文社等。抗爭時間持續到三月九日晚上十一時，人數約三十餘人。訴求要點(一)摒棄政黨歧見停止彼此攻訐；(二)召開跨黨緊急協商會議，保障台灣住民尊嚴與利益；(三)反中共霸權，救台灣；反中共迫戰，護人權。

二、三月九日台大台文社吳國禎（中文二）、林忠治（農化二）復結合學生台灣語文促進會（台文進會）所屬加盟社團，包括台大、成大、交大、淡江、實踐、靜宜、藝術學院等校的台語文社，於省博物館前展開爲期十七天的夜宿靜坐抗爭。後又加入清大台文社、淡江環保社、靜宜浪淘沙社等，到二十五日止，曾到總統府、教育部抗爭，人數約四十多人。訴求要點(一)不怕威脅直選總統到底；(二)宣示中共的行動是侵略行爲；(三)停止兩岸交流往來；(四)審查排除有大中國意識的教育內容。

三、三月十五日前台大學運成員林佳龍（前大陸社激進派）自美返台聯串台大學運社團，於二十二日假二二八公園（原新公園）發起「爲台灣民主守夜三二二全球連線」（三二二線）活動，抗議中共軍事演習，確保總統大選順利完成。到二十四日凌晨止，人數不超過四十人。訴求要點(一)兩岸各自以獨立的政治實體加入國際社會；(二)不畏外力威脅堅持總統直選；(三)呼籲全球向中共抗議確保區域和平；(四)譴責政府行政部門推卸責任、立法部門停擺、總統不負責的態度。

貳、觀察及判斷分析

一、三月八日有彭明敏學生助選團「種籽鯨神學生矩陣」（種鯨陣）參與，因理念不合未獲「憤怒之愛」認同。社運也企圖介入，如獨台會史明、綠黨高成炎、台教會張國龍、醫界聯盟、台語協會林央敏等都到場致意，但學生堅持自主性，婉拒社運團體介入。

二、獨派另起爐灶，包括台大建國部、台文社，及台教會、種鯨陣、三二二線等各股勢力合流，於三月二十二日在省博物館前舉辦「爲台灣獨立建國守夜」晚會，包括史明、李鎮源、張國龍、高成炎都到場演講，宣揚台獨理念，參與者有教授學生近百人。二十三、二十五日都有獨派的活動，這表示學生的自主性已顯單薄，舞台已被獨派主導，演出劇碼質變成為台獨建國造勢。

三、台大參與社團最多，但大多由社長一人代表參加，活動人數侷限於數十人間，因為台大雖社團林立，惟各有堅持的正統龍頭，異議社團之間無法整合意見，相對削弱學運影響力。

參、檢討及意見參考

不論學運或社運，能在正常情況下運作都是好的。社會是一個「有限空間」，和一家人住在同一屋子裡也是有限空間。依據社會批判理論及衝突理論的研究，讓異議有機會相互激盪，不僅對政治及社會發展有利，且有益於趨向整合，促成團結的氣氛。但我觀察此次抗議活動始末，仍有檢討之處，試提幾項意見參考。

一、政府處理類似事件態度軟弱與斷傷公權力。集會遊行都未完成法定程序，政府負責單位未處理，始終也未取締。更多的違法行為（大多獨派團體），如損壞公園物品、霸佔紅磚道，在省博物館前路面彩繪「台灣獨立建國萬歲」，污損路面等均未見警察單位處理。

二、台大社團頂著「台大」招牌，但因屬非法活動，給各界一個印象「反正台大師生都是不守法」，對台大的社會形象是有負面的，不知「台大人」們是否曾經反省？

三、目前多數大學都以「學生在校外行爲自行負責」，劃清學生類似這些涉外行爲的責任，認爲「反正是管不動」。依我之見也未必完全不管，學校（授課教授、導師、校長、三長等）還是有影響力，應教育學生進行合法活動，使活動兼有教育意義。

以上是我以一個台大軍訓教官觀察本校學運活動的心得，關於台大學生的「不守法、不團結」現象，校長陳維昭教授深有所感，曾大聲急呼力圖改進。我記得在八十五、八十六、八十七年連續三年的新生訓練開學典禮上，校長一再針對台大學生讓企業界「怕怕」提示警示，勉勵同學們要守法守紀，要有合作精神。（本文完稿於八十五年，九十三年重修。）

（九十三年四月補註：近年對民進黨政府的貪污腐化、大選的不公不義，大學生的反應卻很冷漠，此種情形可能如李敖所說，現在大學生只知讀書、玩樂，失去了熱情與理想性，也就不顧社會正義了，果如此豈不也很悲哀嗎？）

二〇〇八春再補記：我雖從台大退休快十年了，但多年來仍在台大校園當志工，對台大的學生會活動我仍然有若干了解。這些年來，大學生對國家社會已趨冷漠，例如二〇〇四年「三一九」作弊，民進黨的貪污腐化，全黨已成「洗錢吃錢中心」，包含台大在內的國內大學生，極少有關心者，這不是好現象。

附錄一：台大學生會發展簡史

一、前言

國立臺灣大學學生會正式成立於民國七十七年八月，其前身爲國立臺灣大學學生代表聯合會，改組至今已有十餘年，其章程《國立臺灣大學學生會自治規程》，於民國七十九年正式經全校同學複決通過，由學生代表大會進行多項附屬法規的制定。就立法精神來看，台大學生會的組織架構是採用三權分立的絕對總統制，而學生代表具有立法和監察權。

二、台大學生會簡史

(一)學生代表會聯合會時期（民國卅六年至四十五年）

國立臺灣大學是臺灣第一所全科大學，因此其學生自治的發展也最早，在民國卅六年，便陸續有各學院學生自治會的設立。其組織爲全院同學組成會員大會，由其選出學生代表會和理事會，再選出代表會主席和負責行政工作的常務理事和各部門總幹事，主辦各學院的多項學生活動。

民國卅八年，傳斯年校長鑑於一年級同學其生活性質相近，特爲其成立一年級學生代表會是爲一聯會之始；也是本校第一個採用由學生代表組成自治會的團體（其他自治會均以全體同學爲會員）。由於各學院自治會的改選卻發生困難，最後則將各學院學生自治會改組成如一代會的學生代表會，代替直接民意的學生自治會行使職權，學生代表由各系各班自行產生，再由學生代表會選出代會主席，自此確立了往後數十年臺大學生自治採用間接民主的代議制度。而當年在認定上學生代表會是『代行』學生自治會之職權，而實施上有困難的直接選舉制度才是正統的學生自治制度。

此外，傳斯年校長也主動支持全校性自治團體的產生，主張全校性學生自治組織的成立可以提供校方興革意見並爲全校同學服務，因此正式成立了『各學院學生代表會聯合會』；此爲台大學生會的最早前身。

（二）學生代表聯合會時期（民國四十五年至七十五年）

民國四十四、四十五年前後，當時被簡稱爲『代聯會』的『各學院學生代表會聯合會』，後來變成了『學生代表聯合會』班代表參加院級代表會，也是代聯會的學生代表，而院代會和代聯會間明確的隸屬關係亦隨之消失，成爲彼此部分重複但各自不相連屬的自治團體。直到民國七十五年，代聯會改採系代表來運作，而院代會仍沿用班代表制，完全分離爲不同的自治組織。

民國五十一年，當時的代聯會，不管是人力或財力均爲全校各社團之冠，史料上每屆列名的幹部均在一、二百人之譜，實際的工作人員更多達三、四百人，當時一年可以出版四期厚達一百餘頁的『臺大青年』可說是代聯會的全盛時期。

民國五十年代，學校中只有大學新聞、大學論壇和臺大青年等刊物但六十年起，各學生社團都開始有刊物的出版，而由於當時又有我國退出聯合國及釣魚台事件，更令大學生開始和社會脈動結合，省思原來的活動空間。當時代聯會主席王復蘇先生，在學代大會中通過將『學生代表聯合會』改爲『學生聯合會』，並修改章程主張普選代聯會主席，企圖恢復直接民主的學生自治會模式，但卻遭校方否決。

民國六十年代，代聯會所舉辦的活動，如『臺大節』系列活動、園遊會、學術性社團聯展、音樂季、科系聯展、開辦家教中心等均爲首創。但是班代表大會的運作卻出現問題，除六十三年丁庭宇先生任內開成功過一次班代大會外，前後數年內每次開班代大會無不流會，因此，代聯會的行政一直便缺乏監督。直到七十一年管家義先生當選代聯會主席才又開始思考代聯會組織架構的問題。

(三)改制學生會過渡時期（民國七十四年至七十七年）

七十三學年度起，在大新社、大陸社等社團主導之以普選做訴求的多起抗爭活動，爭取學生自治的實踐，引發校方的壓制行動，李文忠事件的發生便是一例。當時的學代大會早以九十四比零通過主席直選案，當時主其事的學代林佳龍先生更規劃出完善的直選方案，但卻無法得到校方的善意回應，以致形成部分社團及個人不得不走向體制外抗爭一途而校方也未能體察時代的潮流和學生的企求，而使衝突情勢急劇昇高。

七十五年，學生代表改由以系爲單位選舉學生代表，每滿一百人選出系代表一名，使學代總額降至一百四十人左右。此時新章程設計的代聯會制度才開始運作正常，卻因校方處理『五一一學生日』事件失當及將大新社之報導以審稿辦法停社一年，引發了體制外抗爭組織自由之愛運動，加以其中原本宣告要參選代聯會主席的兩名學代及另外七位主其事的同學，在『五一一學生日週年紀念』事件中，被學校記小過以致無法參選。

七十六學年的代聯會主席，便由主張普選的陳志柔先生當選。而在他的任內，除了迫使學校同意普選制度外，更進一步藉此推動了學生會的成立。從民國六十年王復蘇主席開始，這一步跨了整整十七年之久才成功！從學生自治會走到學生代表會再回歸直接民主的學生會，這一步更跨了近四十年之多！

學生會制度的設計，在改組後的學代大會中，出現了兩種對立的意見：由章程制定委員會所提出的草案中，主張仍然維持原來代聯會時期的內閣制『大會——委員會制』架構，做爲會員代表大會的學代大會則仍爲學生會的最高權力機關，有權要求會長執行大會通過的議案。

但另有一部分的學代主張將學生會會長視爲全校同學普選出的行政部門領導人，具有高度的行政裁量權；而學生代表大會則屬於具有制衡功能的立法部門，以監督會務和訂立法案爲主和行政部門的地位平行，加上負責仲裁糾紛的學生法官，基本上成爲三權分立的絕對總統制。後來經過一整年的爭執和討論，才終於將制度確定爲後者。這雖然是學生自治史上的一大創舉也成爲國內各大學院爭相仿效的對象。

當時倉促改組的作法，雖然有其實際上的苦衷，也造成了往後數年直至今日組織體系一直處於紛爭不斷而無法確立的困擾。七十七年首任學生會長羅文嘉先生選出後，面臨的是新法未訂，舊法不合的窘況，直到七十八學年度范雲女士任內才終於將學生會的根本大法——『國立臺灣大學學生會自治規程』制定完成，並經全校同學複決通過。至此方脫離過渡時期的尷尬。

(四)學生會時期（民國七十八年以後）

學生會眞正依照自治規程運作，是從七十九學年的第三屆會長林奕華女士開始。但是主導學生會改制的學生代表大會，則爲因應體制的變化，而先行做了三項主要的變革：首先是設置議長，由學生代表互選產生，爲立法部門的領袖；其次，再度縮小學代大會的規模，將學生代表的產生改爲由學院爲單位，每二百五十人選出一名學代，並開始設置研究生選區，將研究生納入學生會的服務範圍中；學代大會的總額數變成七十五人左右。第三項則是仿效美國國會的期中選舉制度，學代任期均爲一年，但每半年改選一半的學代，主要是爲了使大一新生能有機會在入校半年後就有參政權，解決代表會和民意的落差。第一屆院學生代表於七十八學年選出可以視爲新學生會立法機構運作的開始。

雖然自治規程已經通過，但是所有相關的附屬法規制定的速度卻十分緩慢。七十八學年通過修正學生代表選罷法，七十九學年度僅制定了學代大會組織辦法，八十學年度修正通過代聯會時期暫定之學生會會長選罷法和制定學生會行政部門組成及程序綱要，依照自治規程至少還有學生代表大會議事規程、學生會監察辦法、司法部門組織暨學生法庭設置及程序綱要、學生會財務管理辦法、學生會創制複決辦法等重要法規因此，法規的加速制定應爲學生會現今最重要的工作。

另外，由於校園情勢的改變，學校中形成社團、住宿生及一般同學三大學生社群。在代表社團界的自治組織「學生活動中心幹事會」運作不良而停止活動以後，校方準備再成立「社團委員會」取而代之；但是學生會基於全身爲全校性學生自治組織的地位，及在規程中宣示有權協調各社團之共同事務，因此正在積極和校方及各社團協調由學生會來執行社團自治事務的可行性，希望能由學生代表大會的「社團委員會」來運作。此外，和住宿生自治組織的關係，則由於在歷史淵源上彼此不相連屬，但也希望維持良好的合作關係。再者，由於校方一貫仍對學生直接參與校務有相當程度的反對意見，某些攸關學生權益的重要會議仍排拒學生代表的出席和列席，也是未來學生會在和校方協調學生自治事務及學生權益時所要爭取的目標。

（引用自第十九屆學生會新生手冊）

附錄二：訪問現任台大學生會會長李維仁同學暨秘書長郭兆容同學

訪問時間：二〇〇八年四月七、八日

訪問方式：電話

訪問人：陳福成（本書作者，簡稱陳）

被訪問人：李維仁（台大學生會會長、會計系四年級，簡稱李）

郭兆容（台大學生會祕書長、歷史系三年級，簡稱郭）

陳：李同學，根據本校第十九屆學生會新生手册，學生會的附屬法規，至少還有學生代表大會議事規程、學生會監察辦法、司法部門組織暨學生法庭設置及程序綱要、學生會財務管理辦法、學生會創制複決辦法等，這些目前都算完備嗎？

李：目前只能說有東西了，但不算完備，還要努力。

陳：大約十年前，國內各大學學生，尤其台大學生爲首，最熱衷於參加政治和社會運動，可謂學運蓬勃發展的年代。在民國八十三年「閏八月」危機時，台大學生發起的運動，眞是全國大學的龍頭，可是近幾年來，大學生參與的政治運動卻很沈寂，幾乎沒聲音了，大學生對國家民族的熱情是不是冷了，甚至冷漠了。

李：應該不是，學校和家長都不鼓勵是很重要的原因，而且可能時代背景不同了，學生關心的事情轉到別處，政治原因當然也有，例如大家不知爲何而戰？爲誰而戰？

陳：這樣解釋也算合理，但像公元二〇〇四年的「三一九槍擊弊案」，民進黨是明顯的作弊，八年執政也是公認的貪污腐敗，大學生反應也不熱烈，本校學生也只是零星的參與反貪倒扁運動，這和以前本校學生的熱情程度，相去太遠了。

李：關於「三一九案」，學生之間也各有看法，很複雜，可能認爲反正也爭不出結果，就不爭了，也可以說是目標不清楚吧！但學生的熱情依然有，我們有了新領域可讓學生投入，例如現在學生投入志工行列很多，也很流行，國內到山地學校當志工，國外到落後國家服務，本校現有「國際志工社」，這些都是以前沒有的，現在學生會積極推動。

陳：學運雖沈寂，學生活動轉移到志工，該是可喜之事，因爲這才是學生社運的「正常面」，原本該如此，在先進國家中，大學生當志工是很普通、普遍的，家長和學校都會鼓勵。

李：從事志工很值得努力再推廣，學生會會再努力。

陳：李同學，你目前是台大學生會會長，你認爲當前最重要的職責是甚麼？

李：推展志工重要，維護學生權益更重要。

陳：說具體一點好嗎？

李：例如教育部一直漲學費和雜費等，我們要與各大學聯繫，制止這種漲價，讓學生負擔減少，讓更多窮人讀得起書，這最具體了。

陳：目前本校學生暨學生代表，可以參與本校事務或會議有那些？算是足夠嗎？

李：有校務會議、學務會議、校務發展會議、交通委員會、學生輔導及申訴等相關會議，共有十幾個吧！不能說很足夠，會繼續爭取。

陳：學生和學校的溝通方便嗎？

李：溝通管道方便，李校長很樂意和學生溝通，這是學生的看法。

陳：是現在的李嗣涔校長，他提出詩意校園人文觀，也要拚「世界百大」，本校應有希望，李同學謝謝你接受訪問。

（以下訪問祕書長郭兆容同學，四月八日）

陳：郭同學妳好，我有幾個有關台大學生會事務和政治上很敏感的話題請教，能否談一下妳的看法或學生們會有怎樣的表達？

郭：好，請說。

陳：這次總統大選，藍營大贏，也表示「統派」大受人民歡迎，未來前景妳認為是不是就很樂觀？還有馬英九的「終統論」表示未來兩岸仍要統一的，假如有一天要統一了，妳贊成或反對？同學們看法如何？妳也可以選擇保留，不直接回答。

郭：我保留不直接回答。但對第一個問題「前景是否樂觀」？我覺得尚待觀察，畢竟未來的事有變數。至於同學們看法如何？也很難說，因爲同學在公開場合不談論，也不表達有關政治議題的看法。

陳：學生對政治議題是冷漠還是不感興趣？或是不願、不敢等原因？我記得大約在十年前，台大學生非常衷於參加政治和社會性的相關運動，風起雲湧，爲國內各大學起領導作用，這些年都沒聲音了！

郭：我想各種原因都有，導致學生們轉移了注意力，大家不願意談、不敢談都有。

陳：不願意談應該得到尊重，但不敢談並非好現象，一個正常的社會任何事都可以談，是不是？那麼大學生現在關心甚麼？

郭：確實不好，現在大學生最關心的事，該是和自己權益有關的事和相關的活動。

陳：學生最重要的權益是甚麼？

郭：例如學費、雜費等，我們會辦公聽會表達意見，同學們也樂意參加。

陳：學生會以及同學們，與校方的溝通管道方便嗎？

郭：方便。李校長人很好，有熱情，樂意和學生溝通並為同學們解決問題。

陳：眞好，是李嗣涔校長，我也聽妳們會長李維仁同學提到，李校長人親切，學生也樂於和校長接近，才能產生良好的溝通效果，郭同學謝謝妳接受訪問。

台大登山會三叉、向陽、嘉明湖紀行

緣起

今（民國九十一）年五月三到五日，本校（臺大）登山會（註一）舉辦「三叉向陽嘉明湖」（位玉山國家公園最南邊界）登山活動。各方反應熱烈，名額早被搶報一空，可見登山會員熱情參與程度。爲強化參加人員體能，早在四月二十一日就由領隊顏瑞和教授親自領軍，在新店大埔山進行「行前訓練」。針對此次名山麗水參訪盛事，筆者受邀負責撰寫紀行，與同好分享「山之宴饗」。

這次活動由顏瑞和老師領隊，有簡振和、陳義夫、許翠芳與許顯誠四位嚮導。另有隊員賀德芬、蔡瑜、劉福華、涂美玉、顏瑞泓、高事宜、廖慶彰、張玉珠、劉健強、陳淑幸、蔡哲明、陳福成（即筆者）、賴明陽、王志強、吳雅蕾、陳曉雨、蘇荷婷、潘文菁、吳忠勳、高文章，總計全隊二十五人，均完成全程活動。以下依行程順序，詳實報導隨行見聞心得。

最艱困的第一天：重裝戰崇嶺

出發集合時間訂在五月二日晚上十點半的臺北火車站，乘十點五十九分往臺東莒光號，在池上轉遊覽車。隊員準時到達集合點，背負重裝（男生二十公斤以上，女生較少），興奮期待之情全寫在每人臉上。

午夜的火車，晃盪晃盪，窗外大多一片漆黑，車過村落時，遠處有燈光點點，大家知道過不久後，就要重裝挑戰大山近十個小時，所以大多閉目養神「韜光養晦」中。約四、五點間，窗外就可看見一畦畦綠油油稻田，晨風涼爽，讓人有一種「春風正澹蕩」的感覺，這種感覺和臺北完全不一樣，「一感覺」就感覺出來，難怪假日大家都喜歡往「後花園」跑。

一夜「好夢無痕」，就已到了池上車站。這個臺灣「後花園」中的小村鎮，晨間，寧靜、安詳，像一個慵懶的小女人，她的可愛，在熱鬧繁華的大都市中找不到，等轉車的時間，隊員都被這幅景緻吸引。幾個早起的老太太也被我們吸引，向我們投以奇異的眼光，或許她們在說「這些臺北來的老土，吃飽閒著，山有甚麼好爬！」

晨六點，遊覽車到，開始第一天的第一段行程，沿臺二十號道（南橫公路）到向陽工作站。領隊提醒大家，從向陽工作站開始重裝步行，經向陽工寮，到紮營處「避難小屋」，要仰攻山頭，很累，在車上要利用時間休息。多數隊員又進入回籠覺狀態，無心閱覽沿途風光。

約九點就到向陽工作站，這裏是林務局、公路局、警察局在向陽的辦公處所。我們稍事整隊，就背起重裝出發，嚮導簡振和前鋒，老夫子陳義夫殿後收尾，領隊顏老師居中以收掌全局之效。橫在眼前先是一座不大的山，但林木森森，大夥在樹木中踏著前面的足跡，小心翼翼，山勢愈來愈陡峻，腳步愈來愈慢，隊伍愈拉愈長，背上的「行頭」愈來愈重。這段路是在濃厚樹林中繞來繞去，少見天日，故也看不到好風景。

大略走了三小時，到一處叫「向陽工寮」的地方，已是中午，隊伍在此休息及中餐，領隊宣布，此處有山泉，是唯一的水源，每人在此攜帶一公升的水，到紮營處要點交公用，並提醒隊員，從工寮到山頂稜線，是最陡、難走的一段，大家心裏要有準備。原來前面走那三小時僅是暖身，餐畢即刻又起程。這段路標高約從三千到三千四百公尺，茂密林不見了，低矮的高山箭竹和杜鵑取而代之。路陡而險，斜度平均應有六十度以上，沿途有地震後岩層崩落的亂石堆、巨木倒下檔住去路、斷崖、絕壁。領隊和嚮導不斷提醒小心，隊員相互幫忙。這段路有玉山圓柏和白枯木是特有的景觀，在強風寒原、岩屑貧瘠的環境中，圓柏爲求生存，展現高雅自然的造型，也是生命力的顯示。而白枯木的枯瘦和美白，在綠色山坡上，顯得尖銳突兀，像是一個絕不向四週環境低頭的孤老行者。

約下午三點，全隊苦苦支撐，終於上了稜線。視野爲之開擴，稜線兩側群山重疊，盡收眼底，惟此時已開始起霧，遠山朦朧。不久到「向陽大斷崖」，霧更濃，看不到崇崖巇險！

大家匆匆走過。領隊和嚮導也不忘介紹附近山名，並再提醒，還有大約兩小時腳程纔到紮營處。這時大家已走了約六小時，體能消耗將盡，大夥兒靠意志力「駝」著重裝，緩步前進。約下午五點半，到達「避難小屋」（紮營處），原來是一座紅頂白牆的小屋，在向陽山麓附近。接下來是最重要的設營，「埋鍋造飯」、休息、睡覺。最艱困的一天，在此劃下快樂的句點。

不過，這天黃昏前有個小插曲。小屋附近滿地垃圾，又髒又亂，正當大夥抱怨國人「老毛病」又犯之際，一個別隊的日本登山客，默默拿起袋子開始撿垃圾。這個景像看在我們眼裏很「刺眼」，本隊數人乃開始「配合」撿垃圾、整理環境，不出半小時，環境清新，看起來爽多了。

黃昏到晚上，最美的景觀是夕陽，再晚些就是待月、賞月、觀月，那種美感讓人清靜無欲又想入非非。由於天空無塵明潔，月有如天空煎好的荷包蛋，色香味俱全，薄薄的，一吹就破。夜，很快籠罩下來，挾著極低的溫度向你圍攻過來。到了晚上十一點多，月亮已高掛天空，皎潔如斯，柔清似水，像情人淺笑的梨窩。賞月的人，個個裹的有如一隻大熊貓，誰也看不出誰是誰！

午夜氣溫極低，約五度左右，整夜難眠，乾脆起來寫詩，後來整理筆記，完成「待月向陽山」一詩，附本文後。

最美的第二天：三叉山、嘉明湖

這是行程的第二天（五月四日）。晨五時，太陽的金光已然旭旭灑落，早餐畢，六點太陽已似掛在天空，這是高山和平地的差異。今天的目標是三叉山與嘉明湖，三叉山位於向陽山以東約四點五公里，標高三千四百九十四公尺；嘉明湖在三叉山東方數百公尺，海拔三千二百六十公尺。輕裝輕鬆行，因此比昨日更「有心」欣賞美景。

這段路大多在向陽與三叉兩山之間的稜線上，中間經過向陽北峰（三千四百四十公尺），視野廣闊。沿路的風化石、箭竹草原、杜鵑、圓柏及各種高山植物，隊員沿路有說有笑，或偶爾休息泡咖啡吃零食，在三千多公尺高山寒原上有如此享受，那種情調拙筆無法形容，未親臨者也祇能靠想像。

約九點就登上三叉山，果然「峻秀雄奇」，氣象萬千，其正北可見南雙頭山、達芬尖山，並遠觀玉山主峰；其東有連理山和新康山，尤其遠望新康山，高聳如天際壁壘；其南有舞樂山；西有向陽北峰。如此，群峰環繞，瑰麗狀闊，縱橫其上，闊心怡神。不覺以詩〈禮讚三叉山〉曰：

峻秀雄奇的尊者
芒草、箭竹匍匐整個山坡

圓柏、杜鵑點苔其間

我睥睨五嶽、三尖、十峻各大名山
瞰制新康、舞樂、向陽與達芬尖諸山長老
不是武林盟主，也算區域強權

我在此呼風喚雨
一年三百六十五天，那風，不敢不到
那雨，卻愛來不來

氣候苦寒乾燥是玉山三千公尺以上地帶的共同特徵，每年冬雪大約長達四個月，風強土薄，岩悄貧瘠，植物都要歷經「千年苦修」，纔能修成「特異功能」，以適應生存環境，人類的修行者以此爲師。各種植物群多舖伏生長，以地下根、莖過冬，蘚苔、地衣也到處繁生。在寒原下部和森林界線臨接處，有玉山圓柏、杜鵑等木本植物，因受強風影響，多爲匍伏狀灌叢。

今天的三叉山附近天氣晴朗，祇有幾處峻谷間，雲霧裊裊，遠天幾朶白雲快速變化迷人的神韻與風貌。遠望使你有出塵超化之感，天地悠悠，造化神奇，我們這些親臨「見證」的登山行者也不知要如何解釋了！

在三叉山流連半小時，照相留念，就向今天最美麗的一站——嘉明湖前進。約十分鐘就遠遠看到，讓你驚爲天人，一個蛋圓型的湖面，圓周約二百公尺，四週山坡青翠，水質清澈凜冽，深深徜徉在環山之中。天空晴朗，初次照見，還以爲到了夢中的西湖，隱隱約約看見許仙和白娘子淒美的風景。那種美感，祇能以詩「禮讚嘉明湖」曰：

仙子刻意遺落人間，最大最美的
瓊瑤，璀燦明潔，人們永遠捧著
碧草如茵，碧海青天的家園

王母娘娘愛漂亮
美麗的瑤池，也當成
一只輕靈明潔的鏡子

美少女的小臉蛋，在萬綠叢中
不須用ＳＫ２，就已是
水嫩水嫩的晶瑩剔透

在天地間悠悠激艷的花季
妳在高處睡成一隻漂亮的眼睛
最方便向上帝傳情的姿勢

嘉明湖之美，恰似西王母仙子的明鏡或瑤池，也難怪此處不像人間似仙境，原來和仙子有點關係。（註二）

中午大夥兒偎在嘉明湖畔，一組一組，三三兩兩，煮麵、煮咖啡、泡茶、看山、看水、閒聊、瞎掰、扯皮，流連忘返，都在愛戀著嘉明湖。中午一點，領隊督促回程，因爲高山下午起霧，天氣變化較大，應早些回到紮營處纔安全。衆人對「嘉明仙子」依依不捨，回程的途中，還不斷回首遠望她的風彩。今天的兩個景點，三叉山是雄偉壯闊之美，嘉明湖是溫柔婉約之美，二者一起，像一對牽手的情人，天上、人間最美的佳話，除此之外，要去那裏找？

最輕鬆的第三天：回程順到向陽山

五月五日第三天，背包已減輕一半，又是下山，算是最輕的一天。向陽山也在回程途中，大約早晨七點，我們就上了山頂，四週白枯木林立，並與遠處的玉山主峰南北遙遙相望。山頂風大氣溫極低，大家不敢久留，都照相「存證」後就下山。在半山腰上，有許多「森氏杜鵑花」很特別，前兩日在各山也見杜鵑花，但以向陽山的最鮮艷美麗，氣味芳香，可能是「向陽」的原因吧！

下山不久就到「向陽大斷崖」，前日來時路過斷崖，有霧看不清楚。回程一見，果然驚心動魄，崖勢崚嶒，亂石磊磊，垂直挺拔。由於板塊運動的影響，岩層脆弱，斷層、節理、褶皺等地質構造非常發達。變質作用促使岩石劈理、片理格外明顯，也大大降低岩層抗風能力，因而形成驚險的崩崖。（註三）臨崖俯觀嶙崒，最是讓人懾服。嚮導提醒大家，安全第一，萬勿「捨命吃河豚」。我乃「禮讚向陽山」，彰顯其力、美與險。

有白枯木站崗，有群山拱衛
與王者之尊南北遙遙相對

在寒風中，衹有杜鵑花
「愛水不怕流鼻水」（註四）
來到向陽大斷崖，看峭立千刃
政壇、兩岸和國際，那有我險峻？
在我面前，誰敢「五到」不到
一腳踩空、踩虛、踩滑……
就拿人來祭山

行程即將結束，不免有些美中不足之處。本地區特有的動物，如鼯鼠、朱鸝（紅鶯）、熊鷹、黑熊，及楚南氏山椒魚等，都未見芳蹤。可能都怕了，躲得遠遠的，怕死我們這些終極獵殺者（人類）。這個舞臺是衆生所共有，理應共存共生，爲甚麼我們人類非要獨佔，又要趕殺絕呢？我們登山之餘，也該反省吧！

「上山容易下山難」，大家下山都很小心。下到一處視野很好的半山腰（註五），回首仰觀大斷崖，氣勢依然磅礡。由於山勢很陡，人如墜落的物體一般，向山下急奔。約中午十一點半，全體隊員都到達向陽工作站。稍事休息、用餐，不久遊覽車來了，上車到池上轉火車回臺北。

尾聲：幕落劇未終

一趟任務能夠「完美執行」首賴指揮官、各級幹部與全體成員的配合。在火車上，大家依然不斷回味這趟「山之饗宴」。賀德芬老師原以爲自己是「磨磚成鏡」——不可能的任務。但她以「磨穿鐵硯」的精神，堅持到底，終於「磨杵成針」，完成這次登山之旅。而賴明陽醫師爲大家通力合作，請全體隊員吃池上便當，大家吃得不亦樂乎！

回到臺北已是午夜，大家互道晚安。雖然很累，但覺塵襟盡滌，身心舒爽。對於今年七月的「雪山行」，我們又已開始「磨刀霍霍」。人生嘛！難免上山下山，過了一山又一山，或許這就是「自強不息」吧！

民國九十一年六月二十日，《臺大山訊》

後記

向陽山另有一個「不在人間」的美景——明月，尤其是在晴朗無塵的晚上，乃至午夜，月亮都有不同的美感。另見「待月向陽山」一詩。（附後）

【註釋】

註一：「臺大登山會」是臺灣大學教職員工（含退休）組成，以登山為主要活動的組織，目前會員一千餘人，每年排出近百檔次登山活動，成效斐然。

註二：《山海經・西山經》說，玉山是西王母的管轄地，嘉明湖在玉山山系範圍內，做仙子的鏡子或瑤池，乃理所當然。

註三：玉山國家公園內尚有大峭壁、主峰下碎石坡、荖濃斷崖、父子斷崖、關山大斷崖等，都相同原因形成。

註四：臺語發音。

註五：仍屬向陽山麓地帶。

待月向陽山

千里迢迢，負重沈沈，沿著險峻的向陽山道萬里攀爬，我受邀待月
瓊樓玉宇，與仙子
對酌品酒，最是想念
妳，溫一壺拿手的「東方美人」

夜，是讓我等待的吧！
妳輕步蓮移，半遮面、户半開、色朣朧
莫非是那個不懂情調「阿母斯撞」
一頭撞進來後
妳就更加矜持了？
今夜，月白風清，如此良宵
妳沈魚落雁的風情正是我們曾經有過的愛戀

溫柔狂熱的腰身
那一團火，是妳的香唇
我這麼說，那觀月的眾生大概不懂
喫的、賞的、看的，少不了是實證主義

纔一盞茶三巡酒之工夫，妳就有些微醉
妳蔽月羞花，如此完美
玲瓏的漾態，所有觀月的人那能不跟著醉
我醉了，憶起妳曾經的艷
我醉了，想起妳醉渦的笑
終究妳是我生生世世不能忘懷的寶

下半夜，向陽山的風獵獵
妳依然熠熠，又那樣輕盈美麗
向陽山的花，草和整座風林都向著妳飄颻
佇立的磐營與月宮望衡對宇，相對無言

我賴了，我不想下凡
我愛了，我不想重回人間
我怕，妳在廣寒宮中，寂寞
有一朵雲飄來，露珠沾在妳潔白的裙緣
妳氣色朦朧，似有一滴清淚正掛在腮邊
夜深了，累嗎？
莫非月事，或怪我老早不來
唉！這件事，緣吧！一命二運……
不知那盤古老先生開天闢地時弄了幾個月亮

妳，老情人的微笑，也解不了我濃濃的離愁
為何妳不思凡？為何我一定要下山？
當我重回那苦難的人世間
妳的豐盈和笑意依然高掛
我卻祇能凄然望月，問一聲：
「何年何月再相逢？」

刊「台大山訊」，民國九十一年六月二十日

後記：民國九十一年五月三日到五日，這三天我竟不在人間，我竟到了仙境——向陽山、三叉山與嘉明湖。營地駐紮在向陽山，有兩個晚上我都在向陽山待月、賞月、觀月，像與老情人幽會。此情此景，人間豈有？可惜太太未能同行，她在忙些凡間俗務，也好，她來了，「兩個女人」碰在一起，「代誌大條」啦！同行的是臺大登山隊在職和退休的人員。晚上很冷，睡不著就起來賞月，又愛，又喜歡「品頭論足」。「東方美人」就是普耳茶，相傳一百多年前，英國女王伊莉沙白首次飲到這種中國茶，芳香口感讓她贊不絕口，乃賜名「東方美人茶」。

雪山盟

——隨臺大登山會登雪山紀行

這是一首用現代詩體裁寫成的「旅遊詩」，行文結構採「戰爭指導」的概念，例如「D日」是指一場作戰的「攻擊發起日」，試圖進行一種「軍人」和「作家」的統一，文學和軍事的溶合。

一、D日：緣續緣（註一）

我們自向陽山歸來後，開始磨刀霍霍
日日呼喚雪山過來，山不來
終於我們組成一支重裝山地作戰步兵師
向雪山挺進，準備發起攻勢作戰
師長三令五申要求大家嚴守戰爭法及叢林法則
必竟，公平、正義、環保與安全是最高的自然法

二、D＋1日：攻佔東峰，駐紮三六九山莊（註二）

隊伍沿著東方古棧道前行，過思源埡口
在武陵農場進行戰力整補
依最新情報顯示的敵、我、天、地、水
重新修訂山地作戰計畫
沿途不斷有遭遇戰
烏鴉「啊！啊！啊！」為我軍助陣加油
南燭、雲杉、山羊耳、二葉松等均有積極作為
臺灣赤楊是利他主義者
玉山箭竹是種族主義者（註三）
品田山的摺紙遊戲還在進行
正午時分，攻佔東峰，並與武陵四秀形成對峙局面（註四）
為有利於主戰場之戰略考量
指揮官命令：下午先在三六九山莊紮營

三、D＋2日：佔領雪山主峰，向翠池追擊

五點發起弗曉攻擊，主力指向雪山主峰
六點通過臺灣冷杉佈下的「黑森林」迷陣
情報消息指出陣中有「黑武士」出沒（註五）
他原是天生帶有「V」型圖騰的雪山戰將
現在不V了，是我們A了他
我軍快速奪取黑森林，續向主目標前進
不久，在主目標前緣碰到「冰斗圈谷」地障
大夥兒奮勇前進，通過攻擊發起線
八點攻佔雪山主峰，立即向統帥部報告：
任務圓滿達成，向北可以瞰制大霸尖山及武陵四秀
控領臺灣東西部交通孔道
在雪山主峰可以監聽到亞太地區海空情報活動
確保國家安全

稍事整補後，指揮官命令：
少數兵力留守雪山主峰，主力向翠池追擊
我軍一出發就碰到天然大地障
有石瀑、石坡、石牆；碎石、巨石、确石
亂石砳砳，結石疊疊
一堆堆磊磊天上來，一排排礧礧墜向地獄

千辛萬苦通過大自然設下的砦碉
就碰到眾多玉山圓柏
在這裏打太極拳、跳街舞，或練功打坐的古佛
傳說都有千年修行的功力
他們共同的意志
是向大自然爭取一點點低矮的生存空間
表現其人生的力與美，發揮生命的價值
通過圓柏的千年平臺，就到翠池
敵人早已逃竄一空，祇有她不走，守著青山

原來翠池是一個世外村枯
秋波清麗，眉宇多情
還有土地公陪著，顯得有些寂寞
我軍在此舉行隆重祭典
會長張靜二主祭，領隊顏瑞和陪祭，眾將士與祭
以所帶軍糧獻祭土地公，其祭文曰：
國泰民安，風調雨順，將士平安
公平、正義、環保得以申張
再創勝利高峰

四、D＋3日：凱歌與傳承

戰事底定，凱旋歸來
在棲蘭吃西瓜，痛飲黃龍酒
走在椰林大道上，椰影搖曳生姿
如身處黑森林，若夢
「萬呎的高牆　築成別世的露臺

落葉以體溫　苔化了入土的榱樑
喬木停停　間植的莊稼白如秋雲」（註六）
此後，好山好水住進我心中
當我年華老去，雪山月色依然青春如酒，貌美如花
黑武士與人們共享群峰翠綠

【註　釋】

註一：民國九十一年五月〈三叉向、向陽、嘉明湖紀行〉（見《臺大山訊》，民國九十一年六月二十日出版）後，大家相約七月雪山行。此次雪山還是由顏瑞和教授領軍，陳義夫等任嚮導，會長張靜二教授例外的親自督陣，時程從七月十八到二十一日。

註二：雪山東峰標高三千二百零一公尺，「三六九山莊」在東峰以西半小時腳程，登主峰大都在此紮營。

註三：臺灣赤楊會分泌一種物質，以利四週各種植物生長，因此，其四週有各類茂盛樹種。玉山箭竹分泌一種物質，制壓其他植物生長，因此，我們所見箭竹林都是很大一片，其他樹種難以生長。

註四：武陵四秀：桃山（三千三百二十五公尺）、池有山（三千三百零三公尺）、品田山（三千五百二十四公尺）、穆特勒佈山（三千六百二十公尺）。

註五：「黑武士」指臺灣黑熊，胸前有V字型白毛。

註六：前輩時詩人鄭愁予詩句，他在一九六二年也登過雪山，見《鄭愁予詩選集》，臺北，志文出版社，民國八十九年十一月版，第二百二十五頁。

參加「台大教授聯誼會」草記吟詠

草ㄇㄟㄚ丶也弄雞公
絕不會拖眾生下水
一起去送死

狐狸會使詐
也絕不可能啓動一個機制
欺騙蒼生

萬獸之王能稱王
也是用公正、公平、公開、實力
拿取天下
野狼再厲害也絕不可能向誰

割喉

耗子再聰明也頂多幹些
鼠竊狗偷
不會設計偷走國寶

叢林的眞相是甚麼?
古木參天，或一片綠油油
眾生在一座公正、公平、公開的平台上
爭食

叢林是誠實的，不會無中生有
叢林是實在的，不會虛僞造假
叢林爭勝也有一定法則
不靠「兩顆子彈」

後記：九十三年六月二十三日，我返校參加「台灣大學教授聯誼會」，會議由會長電機系教授江簡富博士主持，會中有本校社會科學院院長包宗和教授（現在台大副校長）演講，題目是「恐怖主義對國際關係發展的影響」。講畢討論，我起立發言，表示國內自「三一九槍擊事件」後，政治與社會日趨「叢林化」，大家不守人倫道德規範，只顧血淋淋的爭強爭勝，很叫人憂心。

在場的本校退休教授，前植物系李學勇博士發言，表示自達爾文提出進化論以來，人們把社會上弱肉強食，虛僞訛詐等現象，說成「叢林化」，是對達爾文進化論的誤解，甚至是對叢林中各種生物的「污名化」。事實上，叢林中各種生物都是誠實的，生存競爭也是公平、公開，講究實力的，絕不可能像人類這般胡整惡搞，虛僞造假，無中生有。

老教授陳詞激昂，給在場的人上了一課正確的進化論，我有同感，信手拈來，草成一詩，相信，叢林眾生很誠實，可愛的，也很實在的，絕不可能搞「兩顆子彈」騙取天下眾生的心，更不會玩「割喉」遊戲，玩弄同類。

其實，不用達爾文說，叢林早有眞相，我國最早的詩歌作品，「詩經‧鄘風」相鼠篇：

相鼠有皮，人而無儀。
人而無儀，不死何爲？
相鼠有齒，人而無止。
人而無止，不死何俟？
相鼠有禮，人而無禮。
人而無禮，胡不遄死？

「相鼠」在解釋人際關係，或社會和諧之維繫，還是得靠「四維八德」，翻成白話文：

看那老鼠有皮，做人反而沒有禮義廉恥。
人無禮義廉恥，不去死還活著做甚麼？
看那老鼠有齒，做人反而不知禮義廉恥。
人無禮義廉恥，不去死還要等到何時？
看那老鼠有禮，做人反而不知有體有格。
做人沒體沒格，不趕快去死尙待何時？

原來叢林眞相，本來就是有體有格，有禮有恥，叢林衆生是誠實可愛，不會作票、作假、作亂，李學勇老教授一言，發人深省。

二〇〇六年九月再補記：施明德先生發起百萬人「倒扁」運動，高高樹起「禮義廉恥」四個大字，篡竊者那懂這四個字。但在中國歷史上，任何政權凡四維八德蕩然後，就鐵定要垮台，管子不是說了嗎？「禮義廉恥，國之四維，四維不張，國乃滅亡。」

二〇〇八年三月又補記：大選結果，台獨執政者民進黨徹底慘敗，國民黨大贏兩百多萬票，又證明管子之言，也是台獨末路吧！好好的中國人爲何不當呢？明明流著炎黃的血，卻要否定自己，不是自尋死路嗎？

教職員參加佛光山第十二期「全國教師生命教育研習營」紀行

壹、前　言——緣起

第十二期「全國教師生命教育研習營」於本（九十三年）年八月十一日到十四日，在高雄佛光山舉行，由南華大學和國際佛光會中華總會主辦，教育部爲指導單位。本校參加人員有吳元俊、張美香、林泗濱、王文雄、路統信、葉雪娥、蔡玲吟、吳信義和陳福成（筆者）等共八人。

這是一場豐富生命教育的饗宴，叫我們這些教育工作者，如何在這個顚覆與變局的社會中，

二〇〇六・五、廿七上午八點三〇佛光山開山宗長星雲大師於大雄寶殿主持「出家剃度傳授沙彌（尼）戒」典禮，當鐘鼓齊鳴時，大殿內釋迦牟尼佛結印放掌處，出現一圓形、立體的彩色放光法輪。　照片來源：佛光山滿悅法師

怎樣教育這些新世代的學子們，並把自己的角色調在最適中的定位上。簡述研習內容，與大家分享並供參考。

貳、出發，找尋生命的春天（第一天）

八月十一日上午七點我們從台北出發，到佛光山已是下午一點多，辦完報到手續就開始第一天課程，「建立生命的春天」，由慧傳法師講授。身爲一個教育工作者，首先得「找到」生命的春天，面對各式各樣，千奇百怪的孩子們，固然是「有好有壞」，但基本上每個生命是獨立的個體——都是一個美麗的春天。

有些時候，老師會碰到「壞學生」，但其實是我們尚未找到孩子的春天。例如，也許老師們會碰到下列各型的學生：見賢思齊型、孺子可教型、不打不成器型、頑石點頭型和死不悔改型等。能教到前兩種學生，是老師們的福氣；碰到後三種可能就頭痛了。特別是碰到「頑石」，死不認錯，永不悔改，常叫身爲老師的爲難，氣得跳腳要拿出「不打不成器」的老辦法。

面對這些難教化的學生，慧傳法師從「緣」的觀點，提出三個教化方向。(一)「只問耕耘，不問收穫」；(二)「另覓因緣，教育子弟」；(三)「因緣成熟，自然會改」。

我想，在教育的過程中，用打、用罵、用強求，如何能讓孩子產生「變化氣質、提高素質」的結果呢？可能達不成教育目的，反而增加「負作用」吧！「緣」的觀點可以解決這些大難題，從「緣」我們可以找到生命的春天。

談到「緣」，我們常說「隨緣隨緣」，似乎有些消極，這是對緣的誤解。星雲大師開示此二字時說，「隨緣不是隨波逐流，更不是趨炎附勢，在隨緣中要記住應有的操守和原則，隨緣就由智慧產生的方便，也就是般若。」

所以，從「緣」出發，便能惜緣，珍惜結緣，轉隨緣爲隨願，以願力來莊嚴國土，成就大眾，當然也能成就孩子們——不論是良才或頑石。

參、生命藝術與自然生態教育（第二天）

自古以來，人和自然的關係有兩種觀點。第一種是人與自然合一或和諧的，如「天人合一」觀，這是中國文化的觀點。第二種人與自然是對立，甚至是對決局面的，所以人要征服自然，這是西方觀點。

近現代以來，西方觀點已逐漸「驗證」其錯誤，乃有生態受到嚴重破壞，社會發展趨向「叢林化」，弱肉強食，生命失去喜悅和美感。如何重新找回人與自然的和諧，如常法師講授「生命藝術之美」，陳進發講授的「自然生態教育」，是第二天課程的重點。

「生命藝術之美」，從五個層面經營深耕，可以做到圓滿，(一)正當正常的工作；(二)歡喜付出的人生；(三)宗教信仰的生活；(四)興趣培養的生活；(五)生命分享的喜悅。一個人的生命若能從這五個層面來豐富化，進而能專能深，就自然能散發藝術的美感，徹底去除人性中那些黑暗、貪婪、佔有等欲望，淨化心靈，淨化這個世界。

須要注意的是，這五項是有先後順序的。人要先有正當正常的工作，才會遠離邪魔歪道，接著能付出、肯付出，才能與別人分享（用反面說法，別人才願意接受你的分享），別人也才願意主動和你分享。

「自然生態教育」首在培養對自然生態環境的親近習性，強化對自然生態的觀察力，觀察要深入，而不只在表象打轉，才能感受到生命的意義。爲了能對自然生態產生感動，我們觀賞「雪霸國家公園生態攝影」，一幕幕熟悉的場景從我眼前跳過，大霸尖山、玉山圓柏、白木林、武陵盛景、七家灣溪、櫻花鉤吻鮭、台灣獼猴……

第二天的晚課，佛光山宗長心定和尚以「心靈DNA」爲一天的課程做總結，謂人的基因會遺傳，這是肉體方便；但心靈也會遺傳，這就是「相由心生」的道理。人的思想正確、行爲也會正確，對衆生便有利益；反之，思想錯誤，行爲也會錯誤，對衆生便不利。相同的道理，人爲善，就會有善果。

肆、現代社會的困境與新社會觀（第三天）

假如人類社會不啓動工業革命的列車，不要走上現代化的道路，假如我們現在仍保持在農業社會，也許我們就不必來佛光山，或許根本就沒有佛光山了。因爲世界沒有那麼多罪惡。

然而，終究只是一種假設，甚至連「假設」都不能成立，因其不能驗證。世界還是無情地走到二十一世紀，科學和宗教（佛）都告訴我們，一切的物質、事物、星球等，最後都趨向毀壞、腐敗、滅亡，只是我們的大限到了沒有？

該是沒有吧！否則我們爲何還在佛光山朝山禮佛呢？大限雖未到，但大難徵候卻已示現，這是現代社會的困境。人類能否突破解決這些困境尚未可知，我們碰上了，第三天的課程中，柴松林教授告訴大家如何面對這種「新社會」，可歸納十大項。

(一)這是變動快速的世界，五年超過以往五十年的變。
(二)老人社會來了，老人愈來愈多，年青人愈來愈少。
(三)以後的人沒有親戚，孤獨一人的活著。
(四)新人類是高等寄生族，永遠長不大的成人。
(五)家的功能愈來愈少，依賴政府高，不滿也升高。
(六)離婚率再攀新高，婚姻的穩定性喪失。

(七)性別解放，兩性日趨平等。

(八)各種疏離感日趨嚴重，貧富差距愈來愈大。

(九)地球環境受到的破壞還會再嚴重。

(十)環境愈壞，社會愈亂，大家想休息‥休閒時代。

看樣子，最壞的時代也還有一絲希望。昨日，陳進發教授講「自然生態教育」，我中意一句話「在自然中尋找生命的出口」。我又記起「侏儸紀公園」電影最後一句道白：「生物最後會自己找到他的出口」。

願我佛慈悲，讓大家找到「出口」時，都仍是快樂自在的「一種生物」，且能順利成功的出口。

接著，滿謙法師以自己學習成長的經驗，闡述自我教育的重要，佛教修行教育是「自覺——覺他——覺行圓滿」的過程。相信，人的學習成長，人能開創多大的事業，自我教育是起點，也是動力。

覺培法師「展開書·展開生命」的課程，告訴大家「讀書、學習、開展生命」的第一步是「傾聽」。而正確的傾聽態度是以對方爲主要核心，以不帶成見去聽，用生命感受去聽，再整理歸納並回應。錯誤的聽包含部份選擇性的聽，負面解讀性的聽，只說不聽和只聽不說都是。

面對人生要培養體力（十力）：閱讀學習、處衆協調、策劃執行、情緒管理、分析整合、解決問題、組織管理、樂觀贊美、反省自覺、開發資源等。

伍、發現生命的意義（第四天）——代結語——歸程

生命的意義是甚麼？生命有沒有意義？想必全世界六十多億人口中，永遠不會有統一的答案。德蕾莎修女爲甚麼把自己弄成一無所有，去幫助那些「窮人中的窮人」。星雲大師爲何十二歲出家？他爲何不坐下來享受榮華富貴？他爲何在幾近八十高齡仍在「雲水三千」？

而人間衛視新聞主播楊玉欣小姐，以一個殘障者的身份，用她的行爲：布施、行善、幫助弱小族群……她身體行動不方便，並不減少對人群，對社會的愛心，仍在積極努力，完成各項她所想要完成的工作。如此，便成就了她自己——自我實現；也成就了衆生，普渡衆生。

現在，我已經不必在此爲「生命的意義」，用文字來下定義。因爲我們在星雲大師、楊玉欣小姐身上，還有這幾天在佛光山上所接觸到的高僧師父的身上，看到了生命的意義，我們以此典範來教育我們的子弟。〈原刊台灣大學退聯會訊，九十四年〉

台大「退聯會」宜蘭之旅

——一趟溯源歷史文化的洗禮

緣　起

今（96）年的中秋節剛過，月影還掛在人們心空，餅香餘味還在嘴裡，我們這一行人已準備起程，來一趟宜蘭一日遊，也是溯源歷史文化的洗禮。大家興高彩烈的坐上遊覽車，有人準備開始唱歌了！

這是九月十九日上午八點，台灣大學校門口的一個場景。台大退休人員聯誼會由楊建澤教授領軍，活動組長關麗蘇策劃，成員有吳普炎、賴春壽、林慶文、廖美瑩、高清、蕭富美、謝玉美、謝李月妹、樂蘅軍、張克振、張黃淑蕙、黃瓊萱、林素淵、姜苑枝、吳賴雲、賴朱阿幼、柯菊、張素瑩、林碧婄、周美玉、郝文傑、鄭義峰、簡燕香、鄭涵、吳信義、陳福成（筆者）、車化祥、鍾冬子、范信之、鄭順美、駱瑞碧、鄭振柏（以上稱謂略），共三十四人。

筆者行前應活動組長關小姐之邀，負責撰寫此行遊記，我欣然同意，亦借機闡揚我國地方歷史文化，讓更多人知道我們根在那裡？

東北角風光：大里天公廟和佛光大學省思

遊覽車延著東北角海岸公路搖搖晃晃，偶而跳著酒醉的「堂哥」，路況欠佳，司機卻很清醒。大家對海岸風光似乎興趣不大，也許已看過太多次了，但車內是很熱鬧的，大夥兒唱的不亦樂乎！喜歡唱歌的先生小姐們無不唱出他們的成名曲，博得掌聲不斷。

我唱罷一曲「台東人」，快把麥克風讓人，吳主任、吳教授夫婦和多位唱將，都幾乎有了歌手水準。更值得一提的是大家快樂的心情，退休就是這樣子過活。此刻我們想到，台大給我們好的環境和條件，退聯會理事長沙依仁教授苦心經營這個屬於退休人員的「家」，多麼感動！多麼感恩！

中途在大里天公廟休息片刻，很快又踏上旅程。原訂到礁溪林美國家步道一探碧綠深幽的絕美景色，因時間不及只走到步道門口，未能一睹這條「國家級」的步道，只好等下回了。（諸君可曾聽過有步道是「國家級」的嗎？這條可是全省的唯一。）趕忙直趨佛光大學。

佛光大學位於宜蘭礁溪林美村，林美俊秀，地靈人傑，到達時已十一點多。該校接待解說小姐，親切的介紹該校有多少系所及特色，依所提供資料顯示，該校對宏揚中華文化並與國際接軌，是師生努力的目標（相信也是星雲大師的信念）。例如，文學系「總攝中國文化」，哲學系成立了「世界中國哲學研究中心」，歷史系正在規劃「第二屆東亞孔廟與儒學研究會」，人類學系目標是「有能力參與新中國文化再造的運動過程」，藝術學術研究所要「重新掌握中國藝術的詮釋主權」。而生命學研究所「研究中國傳統的『氣』與心性之學」，對生命現象做統合的認識，達到太史公司馬遷所說的「究天人之際，道古今之變」。同時印證儒釋道三教所說「無中生有」「空中妙有」的道理。（筆者註：中國從唐朝開始推動「三教合一」，長達一千多年，使三教成為中國文化的核心價值。但中國歷史也曾有「去中國化」，如蒙古和滿人入主之初期、大陸毛澤東時代的文化大革命和現在台灣獨派執政者都是。）

這種辦學精神多麼讓人敬佩，視野遼闊，不僅給我們這些退休人員再上一課，也更佩服星雲大師的「藍海策略」。難怪他能聚合數百萬人的人力財力和向心力，在全球成立百餘規模宏偉的道場，創建許多學校（從幼稚園到大學都有）。據我所知，本校退聯會有不少人也是佛光會員，大家願意追隨大師身影，以期自我實現，貢獻綿薄之力，也算是對國家社會有一點貢獻。參觀了佛光大學後，我們更堅定這種信念，在學習和貢獻的道路上，我們永不退休。

宜蘭設治紀念館：見證宜蘭拓墾開發史

豐盛的午餐後，我們參觀位在舊城南路的「宜蘭設治紀念館」，在解說人員和史料引導下，我們一個個魚貫洄溯歷史文化的大海洋：找根。

隨著西元一六六一年（明永歷十五年）六月，鄭成功收回台灣，宜蘭也同時成為中國人的領土。但到一七九六年（嘉慶元年）十月十六日，高齡六十六歲的吳沙率領漳、泉、粵三籍，進入宜蘭拓墾，是漢人開發宜蘭之始。一八一〇年（嘉慶十五年）台灣知府楊廷理，受命籌辦開蘭事宜，擬訂「噶瑪蘭創始章程」。

一八七八年（光緒四年），宜蘭孔廟落成，顯示中華文化已落地生根，成為人們的信念和信仰。只可惜甲午之敗，台灣割讓給倭國，一八九五年（光緒廿一年）元月廿二日鬼子軍隊進入宜蘭，地方義軍起而反抗，終不敵正規軍。日人據台期間，到處屠殺台灣人民（見各種史料所述），台灣人民成了次等人種；又大事收羅資源運回日本，一九一五年成立「營林局」，專事大規模砍伐台灣名貴的千年檜木，運回國內供上層人士享用。至於「慰安婦」等，更是寫不完，也寫不下去的一頁悲歌，眞是中華民族的不幸，未來不能再發生，炎黃子民應永銘於心。

「宜蘭設治紀念館」幾個不同時空場景

官舍後陽台居家環境（攝於1917或1918年。小松隆一．提供）

1911年的宜蘭廳長官舍（小松隆一．提供）

「宜蘭設治紀念館」位於舊城，此館始建於一九〇〇年（光緒廿六年），佔地八百坪，建築面積七十四坪。舊城為蘭陽平原政教中心，南門地區為日據時期機關所在，隨著宜蘭縣政府南遷，本區舊有的舊監獄門廳、舊主秘公館、舊校長宿舍，均重新修復規劃成「歷史回憶空間」。保留這些歷史的目的之一，是提醒後世子民，國家要富強統一，不要再被倭人有「再殖民」機會。

宜蘭設治紀念館的前世，是歷任縣長官邸，也同時見證近百年來宜蘭政治發展。一九九七年十二月十三日，第一座由官邸整建的宜蘭設治紀念館落成啓用，繼續爲歷史當一個「永恆無言的解說員」。

台灣戲劇館：地方戲劇的寶庫

位於復興路宜蘭縣立文化中心內，早期名稱「歌仔戲資料館」，一九八八年正式命名「台灣戲劇館」，可謂地方戲劇的寶庫。館內藏品對台灣民間戲劇、地方音樂演變、保存、研究

及推廣，有詳盡的介紹。而以歌仔戲、傀儡戲、北管、布袋戲，為重要的四大類。

小時候聽大人稱歌仔戲叫「大戲」。文獻記載，歌仔戲源於清末民初的蘭陽平原，演化至今有多種類型，除野台式、內台化外，尚保有初期風格。館藏方面，有宜蘭萬春歌劇團、大羅泉歌劇團之戲箱，以及名藝人廖瓊枝、司馬玉嬌、許亞芬等戲服。另有歌仔戲抄本、唱片、樂器等文物。

台灣傀儡戲分為南北兩大系統，南部屬大陸泉州系，分佈在台南、高雄地區；北部屬大陸漳州系，僅存三團俱在宜蘭境內，主要出現在祭煞場合。

北管是台灣最普遍的民間戲曲，有亂彈戲、四平戲、福祿、西皮等多種稱呼，目前宜蘭尚有數十團，館藏文物也很豐富。

布袋戲是台灣最流行的偶戲，蘭陽地區除民間戲班搬演外，學校社團則傳承傳統布袋戲。至於館藏，有大陸漳、泉和台灣等文物。

布馬祖師爺：林榮春藝師

有「宜蘭布馬祖師爺」封號的林榮春，民國十七年生於宜蘭，是林榮春布馬彩船歌劇團團主，也是八十一年新傳獎得主。他的表演活動、文獻、文物，目前均展示在台灣戲劇館三樓，期使更多人認識此項傳統藝術。林榮春主要布馬藝陣有下列五種，以圖示之：

狀元遊街

打七響

彩船陣

公揹婆

蛤仔

林榮春藝師的布馬藝陣，都源自中國民間歷史故事。例如「公揹婆」源於女媧懲罰商紂王故事，公背上的「婆」正是千年狐狸精妲己；「蛤仔」源於盤古開天時，蛤仔精和鳥精的鬥爭；「彩船陣」源自宋代宰相娶少妻故事；「打七響」出自老歌仔「呂蒙正打七響」，而「狀元遊街」源自唐朝張士賢中狀元故事。

尾　聲：乘著晚風歌唱回家

參觀完「布馬祖師爺」已是下午四點多，一天的時間雖然時空景物掠過，也還「春風得意馬蹄疾，一日看過長安花。」我們是一日的歷史文化洗禮。對我們這些退休人員也是溫故與再學習的機會，爲最佳休閒旅遊活動。

遊覽車又延著北海岸公路跳著「酒醉的堂哥」，夕陽慵懶，晚風徐來，車內有的高歌，有低頭沈思或小眠，或臨窗看景。期待著豐盛的晚餐，基隆海產。

約晚上九點，車近台北市郊，依然聽到歌聲嫋嫋。本來嘛！退休生活有正常的社交休閒活動，有歌聲，必是快樂的。活動組長關小姐報告下回遊玩時程，大家期待再見，也感謝學校有這樣的活動，我們永遠樂爲台大人。（本文圖片引自：台灣戲劇館、宜蘭設治紀念館簡介資料。）

本文刊於台灣大學退休人員聯誼會訊，第四十期，九十七年元月二十五日。

聖山傳奇錄

——台大登山會大霸尖山群峰紀行

壹、小道之行也：起程——行經大鹿林道

台大登山會這次的大霸尖山群峰行，是承接「雪山論道」後的續戰，時間是今（九十一）年十月十八到二十日。以完成四座百岳為目標：大霸尖山（三四九二公尺）、小霸尖山（三四四五公尺）、伊澤山（三二九七公尺）和加利山（三一一二公尺）等。此役參戰成員有領隊顏瑞和老師，嚮導陳義夫、陳及仁、許翠芳，戰友陳進旺、廖慶彰、陳朝琴、潘文傑、李平篤、李藩、賀格爾、顏瑞泓、涂美玉、蔡哲明、劉建昌、陸雲山、蔡素燕、宋玉生、吳聰敏、陳福成（筆者）、鄭美蘭、張玉珠、鄭添福、葉瑞堯、陳華國、蔡瑜、吳元俊、王福連、黃清三等共二十九人。

下了竹東交流道，接一二二號道，五峰重重，桃山疊疊，清泉悠悠，觀霧濛濛，直上青天與大鹿林道東線接軌。愈行愈深入叢林，兩側松濤峻嶺。

九彎十八拐，車與路總在互爭生存空間
上山下山的車常在窄路狹橋上對峙
牴觸成一對互不相讓的山羊
雙方以銳利的視線爲觸鬚
進行武力試探，進退失據中
最後總在叢林法則機制的介入操作
各自找到上山與下山的路

大鹿林道本線，由南清公路台一二二號道，過五峰、清泉，到土場就是終點，至觀霧全長二十八公里，林道開設時，因連接至鹿場大山（今稱樂山），故取名大鹿林道。在觀霧附近，林道分成三線，分別通往樂山、榛山和大霸尖山。我們的行程是大霸尖山登山口，沿途都是珍貴的保育山林，包含台灣擦樹、二葉松、栓皮櫟純林等，山景連綿，美不勝收。

貳、客臨為探幽：登山口——進駐九九山莊

前往大霸尖山的登山口就在馬達拉溪邊，第一天接近正午時分開始棄車從步，每人大約背負二十公斤重裝。一過溪就進入一片森林，你開始感受到這是一個異於外界的詭譎環境，到處是巨木、奇岩、異草，芬多精讓你精神舒暢。比起向陽山的八小時重裝，今天的四小時

路程顯的輕鬆許多，沿途

有兩億年仍能青春不老的蕨士家族

烏毛蕨、山蘇、過貓、筆筒樹、伏石蕨……

眞是「族繁不及備載」

都在等著恐龍來品賞，卻都等嘸人

一個轉彎，進入一片箭竹林海，是山也是海

又過傾刻，已置身在紅檜與柳彬林中

如古人建造的一座座通天大橋，驀然

有株腐朽的巨木橫在眼前，阻擋大夥去路

一個老者大喝一聲，一掌劈斷，雙掌推開

又是一條路，路是人走出來的

羊腸小道上佈滿車前草，像極生命力強的中國人

落葉窸窣，以爲是老子或莊子的跫音

走在下坡的路上，桐葉在風中凌波微步

走在陡坡的路上，如上青天，如求人

遠遠望見九九山莊時，已是下午四點多，高山天黑的快，迎著晚風、蘆花，又過一片箭

竹林。「柳岸花明又一村」，山莊已佇立在眼前，在向我們歡呼叫好。戰友們卸下行頭，分配床位，主廚也開始做飯。「九九山莊」因海拔二六九九公尺而得名，與雪山的「六九山莊」相比，這裡可算「五星級」的高山住宿平台。

不到六點吃晚餐時，月亮已可從近處的林梢望過，高掛在黛烏朦朧的遠山頂上。杜小山有詩：「尋常一樣窗前月，才有梅花便不同。」我們在高山上邊吃飯邊賞月，已有大大不同的感覺。

今夜，繁星點點。明月多情，如金、如銀、如玉，我卻希望她是一個圓圓、熱熱、嫩嫩、香香的荷包蛋。

參、聖山傳奇錄：烏鴉和 Sisilek 的故事

第二天晨五點，我們從九九山莊輕裝出發，準備以十二小時攻下四座百岳，大霸尖山是主目標。根據泰雅族和賽夏族的古老傳說，大霸尖山是人類始祖出生的聖山。太古洪荒時代的某一天，從天空降下一塊巨大的「天來石」，落在大霸尖山頂上，岩石裡藏有一男一女。烏鴉和一隻名叫「Sisilek」的鳥知道後，每日來石頭邊，祈禱著人類出生。有一天，Sisilek 祈禱奏效，轟然一聲巨石崩裂，從巨石中走出一男一女，後來兩人結成夫妻，繁衍子孫，她們就是人類的始祖。

現今大霸尖山上留有十幾塊大岩石，據說就是「天來石」的遺跡。這裡也成爲族人及子孫們的聖山，在台灣山岳界則爲三尖之一（另兩尖是中央尖山和達芬尖山）。

九九山莊到大霸尖山約四個多小時步程，中途經三〇五〇高地、伊澤山、中霸尖山諸三千公尺以上大山。沿路景色壯麗，處處可見寒松、冷杉、扁柏、高山杜鵑，而隸慕華鳳仙花，全世界只有本區有大群落分佈，非常珍貴稀有。

愈接近大霸尖山，風愈大，霧愈濃。在接近到大約離大霸基體一百公尺，我們進入一道由金屬鋼管建造的「時光隧道」，時光機，開始運轉：

雲霧縹緲間，以爲是到了西遊記中的南天門
兩測深淵中，風暴飆起，有蛟龍翻騰
寒風夾殺過來，如劍如刀，霸氣凌空想要吃人
我們活像在銀河系飄飆的太空船
我們是終極挑戰者，無畏前行，向未知探索
果然，在朦朧中，隱約看見大霸聳壑昂霄
端成一座巨大、永恆、莊嚴的黑臉關公

因爲天候惡劣，風勢太強，能見度又低，危險性又高。而大霸三面爲垂直峭壁，只有東側加設的鋼梯九段攀爬，近來也因風化嚴重，鋼梯已拆除。霸頂此行是不能上去了，不過能

到霸基座底已算攻上大霸尖山。再前進是通往小霸尖山的路，因太危險有三分之二的人就此打住，不再前行。只有合筆者在內共有十二位，決定向終極挑戰，繼續向前推進，積極攻略小霸尖山。

肆、雲深不知處：攻略小霸，回程撿到伊澤和加利山

要通過大霸基底下的路也是危險，左邊是高峙穹窿的大霸基體，還不斷滴下冰融化的水，心頭「卜通！卜通」的打響，隨時掉下石頭打中身體任何一處，都「不須急救了」。右邊是深不見底的深淵，雲霧如蛟龍般在翻湧，一不小心掉下去，也「不須急救了」。

在半空中的斷崖上鑿出一條三十公分寬的路，而前方因風大霧濃，伸手不見五指，十二個人，步步驚魂，好不容易通過大霸。

大霸到小霸約三十多分鐘，只是今天「雲深不知處」。沿途巨石成堆，落石滾滾。路邊的圓柏成爲吸引目光的景觀，不少已是數百年的長老，但因風雪的打壓，生長成匍匐低矮的奇特造型。這種「兩極對決」的鬥爭，活像數百年來，西方帝國主義、資本主義，乃至今天的美式帝國主義，對亞、非弱小民族，對回教世界的打壓。以行民主之名，擴張其利益，行侵略之實。而這些弱小者（圓柏）始終無可奈何！每次看到高山圓柏，我都思索著如何對弱勢者保護的問題。所謂「社會正義」，並非保護優勢者，而要置重點於弱勢者。

攀爬小霸的難度不亞於大霸，因爲小霸頂是由許多巨岩，層層疊疊堆積而成，從霸基到霸頂也有約五十公尺的垂直峭壁。每個人都要「四點著地」，攀住岩縫，抓緊岩塊的凸出處，危機重重，此時

縱使你是一隻「雪山飛狐」也沒路用
我們是一隻隻蝙蝠
身體可以高懸，或和岩層緊緊擁抱在一起
恨不得學那六祖惠能，把肉身潛藏深入岩石內
以避開十級飆風、五度寒氣及不確定落石追殺
可惜，道行不足，只能掙扎於萬呎高空中
夢想自己是巔峰戰士，又創造一項自己的記錄

終於攀上小霸尖山頂，雲霧瀰漫其間，風勢稍弱（感謝神）。

應十二位最後攻略小霸的勇者要求。本文應忠實在「台大山訊」留下「歷史眞相」，這十二位勇者是：陳及仁（嚮導）、陳進旺、潘文傑、李藩、賀格爾、陸雲山、蔡素燕、宋玉生、吳聰敏、王福連、黃清三和陳福成（筆者）。

大約中午，太陽忽然出現，可以看到群山壯麗，馬洋山、東霸尖山和雪山都隱約可見。數分鐘後濃霧又起，太陽不見了，吃些餐點，只好下山。

下山要安全漂亮，也是另一種智慧修行。經過伊澤山和加利山，都是百岳之一，大家都說是「撿到」的。回到九九山莊已是下午五點多，筆者是今晚主廚，給大家吃一頓好飯，睡個好覺，明天好踏上愉快的歸程。

伍、完美的結局：今年從向陽、三叉、雪山到大霸尖山

人世間有「完美」的事嗎？四十歲之前的人可能說「有」；之後的人，就斬釘截鐵的說：「沒有」。但，當我們把時空因素限制在小範疇的局部內，這種完美就可能到處存在於人生或社會之中。

十月二十日晨六時半，我們全隊人馬，以整齊篷勃的隊形，在領隊顏教授大喊「報數」，二十九人到齊後，開步下山。而永不下山的，是那種完美的感覺。

更珍貴是一個系列的完美，五月的三叉向陽嘉明湖行、七月雪山行，及此次大霸群峰行。隊員們私下「竊竊偶語」。希望登山會開發國外登山，未知美夢何時成眞？有空谷傳聲，聞之者，跫然而喜：

在原始古樸的心林世界中
我深入妳的體內，在蜿蜒起伏的眼神裡探幽
分不清是山？是海？還是叢林

總之，過了一山又一山，越過一海又一海
我只是在編織一朵朵璀璨的美夢
任由白雲追逐千層浪，風追逐萬萬白蘆花
而我，追逐我想要的
縱然一剎那，也是永恆的完美

本文刊於92年元月「台大山訊」

第二篇

椰林醉月情

三月花季——之一

三月花瓣如雪滿城飄飛
老椰和青春杜鵑相依偎
落花紛繽催人老
一陣微風起
落葉飄花紛紛奔向
輪迴的大道

啊！我在這有生之年的片刻
就因緣具足
竟經不起眾花如林的吸引糾纏
午夜，公然在
椰林下，與杜鵑幽香

交歡
如在生命終結前再次詮釋這段情愛

才沒幾天，千姿百媚的紅白花香已顯老態
印證花無百日紅，人無千日好
短暫交歡就枯萎
足以詮釋生命的意義
縱使飄落，沈埋塵土
依然圓滿、唯美

一九九七年三月「台大花季」
在椰林大道上思索

三月花季——之二

每到三月
各辦公室、各院系、教職員、師生……
紅花綠葉、百花粉蝶
全都蜂湧到椰林大道上
尤其到了月中
純白、艷紅、淡紫…
各自在舞台上展現她的絕色
每一朵都是名模

一陣微風細雨輕拂
花萼承托嬌無力，幾聲嘆息
一群群鶯啼燕語，落了凡塵

有些仍挺立風中蕩漾微笑
遲早也都要落一地相思淚

又隔週，椰林大道上人海和花海爭艷
小販、書攤、樂團
創造另一個舞台
而杜鵑，暗香浮動
在風中的舞台上，依然清麗脱俗

一九九八年三月
台大杜鵑花季即景

巧遇梅峰禪修者

一個偶然的因緣
在梅峰農場古林區巧遇
入定千年，仍在禪修的
古巨松

滿頭雞皮鶴髮
全身住滿慈悲共生的同修
這是一段奇緣

鳥瞰滿山翠黛，百花紛紅
而老者從未動過凡心
千年紅塵不染塵

百回花叢不染身
千載難逢的良機
當下拜師，傾刻頓悟

一九九七年暑假在台大梅峰農場古松下
「葡萄園」詩刊一七〇期（二〇〇六，夏季號）

她，在醉月湖

醉月湖水波盪漾
些許春愁，還是春天，吹著春風
微風情不自禁
漣漪掩不住她內心的秘密
整座湖醉的腮紅氾氾

橋畔垂柳，酥髮飄逸
在微風中，輕柔的手
撫弄那醉了的湖面
看她，柳姿湖色的腰
她是一幅迷惑醉人的風景
我也一醉入迷

與妳相約在夢境
醒來時
已是深秋

一九九七年秋在台大醉月湖
賞春景有感

為甚麼會是妳

為甚麼和妳有約？
在每個夜晚，夜風開始搖曳生姿
妳總是姍姍來遲
遠處，林邊，一個淡然的身影
我知道是妳
睡蓮的芳香是一種約定

妳的溫熱流進我的海洋
海天心雲交融的約會
於焉完成
啊！為甚麼會是妳
只能在這裡戲弄人生

恨不得就在這夜裡
緊緊擁抱纏成一株
永恆站立的樹
紅花綠葉同體

一九九六年冬在台大醉月湖
秋水詩刊一二九期（九十五年六月）

她想要的

他，給她滿天雲彩
他的誓言，他的愛意
如雨前的雲
那般多、厚、濃

他，給她買小套房和名牌所要的銀子
他沒有誓言，不說愛妳
只有如小河彎彎
涓涓細流的銀子

我知道　她想要甚麼？
只有我知道這個天大的秘密

若讓她不漂亮，她會坐在地上哭
於是，我始終把她粧扮的
像一個公主
並且告訴她，把天下搞垮了
我也絕不怪她
這就是她夢寐以求
她想要的

一九九七年秋台大

白髮

我以為讓妳用了名牌
把妳打扮的花枝招展
讓妳烏溜溜的，婀娜多姿
就能改變所有人的眼睛
沒想到，沒想到
妳依然洩漏了我心底的密秘

真相大白反而是好
我現在喜歡妳的真誠
管他黑白
真理唯美、真誠唯善

一九九八年某夏日午後，在台大夜間部

如來

一切都只是假設
包括人生
無有亦無無
未來也未去
來去皆空
只是我們須要一個
求證的過程
我是如來

二〇〇五年春的一個星期二，人正在台大值班室空想，腦袋空空，閃出一個這樣的感覺，拿筆寫在筆記簿中。

頓與悟

讀了一輩子書
稱重幾頓
總是不悟

寫作幾十年
著作等身
經典未出

大學研究所拼命讀
結果陷入定義的框框架架
又鑽進了一層層心籠

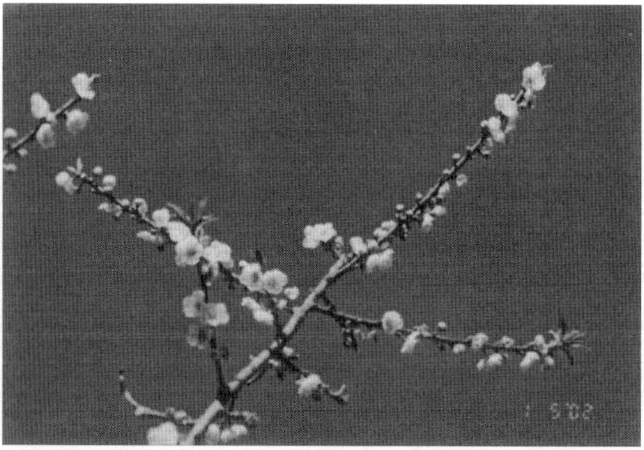

現在乾脆全都丟了
人輕飄飄的飄到高空鳥瞰
開啓頓悟的契機

一九九七年春日黃昏
在台大傅鍾下

刊葡萄園詩刊一七一期，二〇〇六年秋季號

暗戀胡美人

妳的美人間找不到
只許天上有
脱俗如「梅花」、如月

只能在遠處欣賞
再怎麼看
都還「雲深不知處」

「我們都是這樣長大的」
愛看「筧橋英烈傳」
更愛看「茵夢湖」
聽妳「胡言夢語」

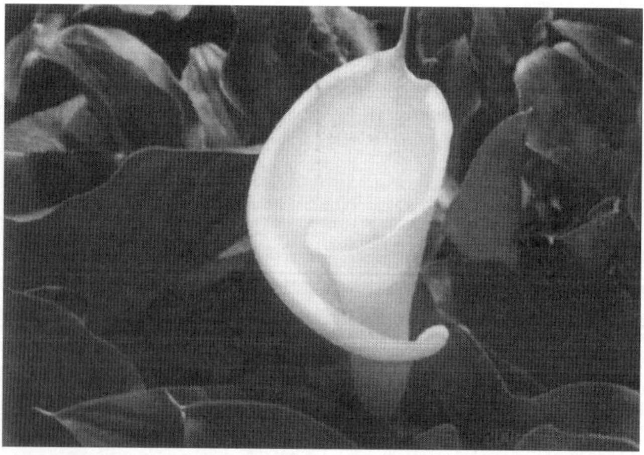

曾和妳有「般若之旅」
敢「自由、愛、行動」
世間女子有幾

在遠處欣賞妳的飄逸
比中秋賞月更有感覺

一九九四年春初到台大
在男一舍

月光照椰林

靜靜的夜，有人唱起了情歌
儘不住月色挑逗，椰林不干寂寞
與微風伴成和音天使
月色的大愛，夜晚的眾生感受到了

涼涼的夜，我們把戀情擁抱的更溫暖
儘不住秀色香甜，就讓大地把我們托起
這一刻，椰林、杜鵑、草花、妳我
還有誰不為之陶醉入夢來？

假如這世界永遠這般多好
椰林月色都溫柔，妳我是仁人君子

我願意是椰林大道邊的任一株小草
永遠聽妳唱歌，任妳擁抱
直到永遠、永遠、永遠！

一九九八年五月，某晚在台大夜間部下班，椰林大道賞月、偷閒。

辦公室之花

春天時
放眼望去，滿山遍野，春暖花開
只有一朵可愛的紅花
風情萬種在各辦公室穿梭
三長辦公室前更是搖曳生姿，裡面細語綿綿
所到之處，春纈彩繪
叢林環境為之丕變
而有了
紅花綠葉，彩蝶飛舞，個個心花朵朵開
沒有四季，只有春天
春日苦短，恨不得延長上班時間或天天加班

夏天時
是吃冰淇淋的季節
妳在，辦公室不須開冷氣，省了很多電費
秀髮飄逸，裙擺翻飛
散發滿室飄香，陣陣微風
窗外大樹上的蟬，議論紛紛
妳的清涼，使夏天溫馨

秋天時
蕭索氣氛煞人
有妳在定使秋波微送
滿山遍野又熱鬧了起來
牡丹、海棠、菊花爭著競選「辦公室之花」
都成了一隻隻名落孫山的秋扇
妳的秋波、秋風，如春天好景
秋水伊人

冬天時
寒氣逼人，冷風刺骨
妳成了辦公室冬日的小太陽
妳雖也裹的緊緊，包的密不透風
依然滿山飄著香風
滿山遍野，五彩繽紛
光是五官，就有五顏六色美景
妳是這裡的花神，人間少有
四季都能開花，永不凋謝

四季的花園裡免不了爭奇鬥艷
大家都想當名模、校花、名花
或至少辦公室之花
不少阿枝阿花又想來和妳較量
花雖多，都是東施效顰
更多的花，開的快，謝的也快

真是傷人又傷情啊

辦公室之花有時請假或出差洽公
裡裡外外到處呈現一片
春殘冬眠，夏令營或秋風過耳
所見儘是惱人的風景，那有心情辦公？
四季可以遞嬗，人事可以輪替
而妳，千萬別走開

有妳在，辦公室裡花團錦簇
春潤秋爽，冬暖夏涼，日日是好日
大家辦公有精神，公文旅行速度快
公家單位的官僚氣息一概不在
遠勝行政革新大改

一九九九年元月在台大假日值班
午睡一夢，醒來草成此詩

另一朵花

滿山遍野，紅花綠葉
花很多，百花齊放
看啊！遠處邊邊的角落有一朵
你不能說那不是一朵花

有蝴蝶、鳥兒、蜜蜂和小白兔
接近這朵花，想要逗她開心
花不領情
她想，不須逗也會開花

她在角落孤芳自賞
不久未謝先枯委

她四季如黃花
在辦公室角落垂頭喪氣

一九九九年春節在台大值班室

礁石說

我們不必學習甚麼「把妹妹」工夫
我們天生就愛泡在一起
我們也不會害相思病
經年累月，有風沒風，不分日夜
我傾聽妳枕邊細語
妳偏愛我沈默寡言

我雖嚴肅無趣
卻願生生世世與妳泡在一起
濃情蜜意，永不分離
餐風露宿，也不嫌棄
這種只要愛情不要麵包的純情故事

我倆獨有
愛情的純堅感動天地，超越輪迴
穿透時空，共守不出走不外遇的天命
生生世世泡在一起

一九九八年春某夜在台大值班室

苦行

白色的曇花
種植在白瓷做成的小天地中
依然盛開每一朵白壁無瑕的奇葩
第二十朵純白尚未綻放
基因產生奇怪的變化
不得不帶著剩餘的瑰麗
含玲在黑暗的幽谷
午夜幻化成一隻鳥
飛向虛無

螟蛉潸潸的瑩光，無人看見
棄婦冷冷的哀愁，無人聽見

在輪迴的路上她是一個無法修成正果的
苦行者，出世與入世
永遠矛盾
望秋風把落葉飄成
一枝秋扇

完稿於一九九八年春某夜在台大值班室

黃昏彩虹

仙女匆匆趕回天庭時
不小心掉落的彩帶
而旁邊那朵彩雲
洽似掉脫的衣裳
天邊歸鳥一陣嘩然
追了上去

落日在遠處嘆息
離情氤氳
凝結飄落成紛紛細雨
朦朧的大地
夢境天成

椰子、杜鵑和相思樹
一動也不動看傻了這片
風景

一九九六年夏日黃昏在台大椰林大道
看到一片美景的筆記

翻雲覆雨

雲雨正在排演一齣驚心奇景
大海洋搬上了天空才有的動勁
恍若海龍飛天時特有
專為某一戰事做準備的
佈局

烏雲來攪局，頓時天空黑白不分
敵我不明的啓動一場
迷迷糊糊的戰爭
有風推波助瀾
海洋竟淹沒了全部天空
如此狂飆的演出

舞台遠在天邊
觀眾個個看傻了這場天地交會的神秀
雲雨風水完美的演出
我倒吸一口氣，按耐
虛驚

一九九八年夏日午後在椰林大道
看見天空一場奇景
「葡萄園」詩刊一七〇期（二〇〇六・夏季號）

神仙

深深吸一口
通體舒暢，陰陽合一
輕飄飄的
飄了起來

長長呼一口
自由自在，打通任督
揮灑一幅
風景
畫中有詩
詩中有畫

一九九九年春夜在醉月湖呑雲吐霧筆記
「葡萄園」詩刊一七〇期（二〇〇六・夏季號）

牢

電信公司用機子
許多人的脖子被拴的緊緊的
隨時被牽著到處溜
無力掙脫

電腦是一種吸精大魔
許多人日夜被吸住
精氣神被吸乾了，成了電腦植物人
人倫道德吸走了，與父母形同陌路

名牌是另一種搖頭丸
被搖的瘋狂

每月被搖成心空空
無心有奶月光光

活在現代社會要八風吹不動更難了
而我　便是風
牢是關不住的

一九九九年元月在台大夜間部
下班前思索

曾經辜負過的

生命中曾經有過的
那段
刻意要密封起來
終究又開封了
是曾經有過的辜負

辜負了妳的
年華、溫柔、笑容
像流水辜負
垂柳的等待
佇立在溪邊的等待
純情的堅持

讓塵封多年的事件出土
只要出土
便是對辜負的彌補

一九九八年夏台大夜間部

等

如果
我是被佛祖壓在五指山下的老孫
妳便是唐三藏
相遇的時間就得
等五百年

是佛祖的安排
也是輪迴過程中的果
只是，只是
何時種下的因？千年萬年？
不論何時，我願等，等下去
在夜空、荒山、冷風、日以繼夜

等、等
等妳走近，傾聽妳的腳步聲
聽妳心房的激動
牽起情愛的手
若等不到妳
這世界將永無開封之日

一九九五年春　台大夜間部
秋水詩刊，一二九期，九十五年六月

緣

絮花為何遠揚？
落葉為何歸根？
是那條細如游絲般的緣線
始終牽連

我們曾在竹離笆前揮別夕陽
隨夜空的星子趕路
一路趕著就是二十年
在他鄉，手始終緊握著
緣線

今夜，兩個相許的靈魂

竟在同樣的夕陽相遇
那麼熟悉的星子和夜空
那麼熟悉的手
都同時握著緣線
永不放手

民七〇年詩的筆記
一九九五年春夜在台大夜間部修訂
秋水詩刊第一二八期，九十五年元月

清晨幽會

經一夜冷凝沈澱，已因緣具足
剎那間，成就
露水情
仍是光明潔淨的氣質
滿足的，浸潤在
綠葉花香的懷裡
嫋嫋飄逸相偎依
只怕晨光熹微
窺視
無端拆散了這段情
珍惜這短暫的偎依
綻放如夢如幻的馨香

依然是很迷人的
就讓彼此生命交融匯流
在這寧靜的夜
微涼的晨間
包納生命的光輝，展示生命的意義
再也不懼
曙色 窺視
無須掩藏
曉風殘月
朝陽新氣象
卻將結束一段塵緣
朝露可止
時間的腳步走過世間的悲歡離合
把苦澀淡化
在緣起緣滅間
再看妳一眼

含情脈脈　離去

一九九八年春在台大夜間部
深夜筆記

今夜山風

輕輕的踮起腳尖
游移在山間水湄
是甚麼因緣？
才在走過千百年後，在此
與妳一親芳澤

拂髮、拂臉，拂妳裸露的香肩
掀起妳的裙擺，牽起妳的小手
山樹青草為我們鋪陳溫馨的場面
小溪夜鶯奏起情歌
山風為酒，體香為蜜
今夜的星月山水全都醉了

千百年才一回
從此訣別

一九九七年底在台大
椰林大道輕風徐來的晚上

曾經共同經營這座果園

有生之年，最有意義的事業
是和妳經營的這座果園

我們日子過的總像香瓜或百香果
終日香香的
風兒香香的
偶爾有些檸檬酸也無所謂
妳愛香蕉的香
我最愛妳的櫻桃
散發著迷死人的咖啡香
不論淺嘗或深含
都百吃不厭

我們生活在這座百果園

有生之年，最有意義的事業

一九九六年春節前在台大夜間部

心事

她的心事，如這季節
春雨綿綿
不斷滴落我
心頭

她的夢，整夜淙淙
涓涓清流
最後總流向我
心湖

心事涔涔
多大的心湖也汪洋

才幾夜，心事氾濫成災
不可收拾

一九九八年春台大夜間部下班前筆記

中秋思故人

這麼多年了，未曾月圓
只是一點點烏雲，遮住全部亮光
竟使
夜夜殘缺，從未夢圓
今夜，等不及了
傳真一縷相思
盼收到後
靈犀一點通，好讓今晚兩地
月都圓

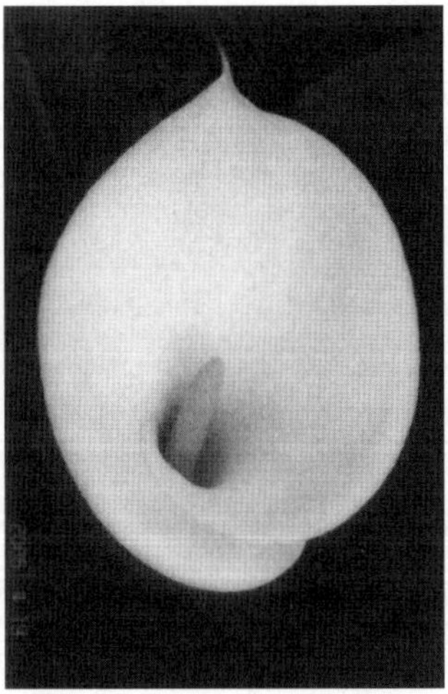

民八十五中秋前在台大夜間部

等誰

一年四季我總在湖邊等妳
妳來的時候，裊裊婷婷
而我，緝緝翩翩
以飄然的舞姿與妳擁抱

相約在春天
柳綠花紅
總要等到妳來
就等一個午夜的婉約
也值千萬年的等待

一年四季我總在湖邊等妳

妳一來，我就醉醺醺
迎風招展
風一走，柳枝空垂寂寞

一九九七年春日醉月湖筆記

魚路又鮮活

絹絲流泉浣洗過的耳聰
碧綠藍天撫摸過的目明
妳款款徐來
在半崖上，掀起我的裙襬
原不過是噶瑪蘭人挑魚的附加價值

我在磊磊澗石中展讀
先民挑著一擔擔鮮魚
仍能邁越峭壁危石
挑不過百年荒煙漫草
如今，荒廢的魚路又鮮活
我們是被城市打壓和清洗的快要

忘本的
魚群
重新回來找尋祖先繁殖興盛的足跡
代代蕃衍，不要成為稀有魚類

被城市的污穢瘴癘糾纏
魚肚翻白，向那裏逃竄？
經進化論篩選，那沒斷氣的
一尾尾循著祖先的路攻上擎天崗
祇為得到那一點點生命的泉源

後記：民國九十年三月十一日，同臺灣大學登山隊走魚路古道。我們從陽金公路近馬槽端往回走，到終點擎天崗解散，這裡二十年前曾是我部隊駐地，如今只剩熱鬧的遊人。

愛戀擎天崗

太大陽無情的蹂躪著這整片山岡
旅人個個無語
心淨自然涼
牛也向來自有一套
混的哲學

老牛祇顧吃嫩草
小孩搞飛機
祇有大人們仍關心那雲朵啊！
要流浪到何方？
而妳，情人，思念
遠颺的紙鳶

不論牽繫有多遠
都不如妳的情長

天邊又有一群趕路的雲彩
匆匆忙忙的飄來
該不會又是去無盡的遠方
尋寶嗎？
你在追逐些甚麼？

遙想當年，拱衛中樞的
碉堡
依然鎮守山崗，與老牛、旅人
共享這一畦青草

第三篇

椰林醉月詩鈔

從野戰部隊到台大的轉折詩鈔

連長幹完不想混，轉政三四季如春；
監察幹好常得罪，政軍兩面不是人。
野戰部隊混過頭，金馬離島望神州；
始亂憧落心頭愁，轉來轉去難上樓。
三軍大學轉花東，砲指部裡半條龍；
中校頂天無處去，三處拼命一條蟲。

一到台大定江山，二書出版梅花六；
花東舊事一掃空，開始布局在胸中。
台大學風自由城，夜間飄香白日夢；
此生奇緣椰林月，情願從頭當儒生。
台大退休當志工，朝看青山晚臨風；

還有閒遐勤著述，意外竟成中國通。
回首前塵花飛蓬，三十年來雖用功；
蓬生麻中不扶直，大業未成念蔣公。

皈依星雲大師座下

三皈本師是星雲，皈依我佛遠魔侵；不信邪教皈依法，不跟外道隨僧行。

詠台大長官同事師友詩鈔

詠校長陳維昭博士

醫生校長陳維昭，阿仁阿義親主刀；我書出版他提序，至今記得校長好。

詠新校長李嗣涔博士

電機校長李嗣涔，特異功夫學問深；科學方法找根據，他的發現眞是神。
領導台大大魄力，國際一流拼爭氣；詩意校園人文觀，此君果然創神奇。

詠副校長包宗和博士

謙謙君子包教授，黌宮泮水解衆惑；包氏清廉天下知，心包太虛無對手。

詠總教官韓懷玉將軍

正襟危坐韓將軍，我到台大有戰情；將軍叫我提戰略，決戰閏八月我行。

詠總教官李長嘯將軍

正人君子李將軍，高爾夫球他眞行；人生風雨都走過，未來風景都清新。

詠孫彭聲學長

孫彭聲老大哥哥，台大混過無奈何？
中美來去很風光，漫游人生眞快樂。

詠楊長基學長

台北工會總秘書，做人做事讓人服；一邀教授跟著跑，痛批貪腐台獨虜。

詠吳普炎學長

主任教官吳普炎，退休生活眞悠閒；三十年前我營長，容光煥發像前從。

記二〇〇七年十二月二十二日
台大退聯會四友皈依星雲大師座下

詠我的皈依。作者自詠

皈依三寶佛法僧，茫茫人海新人生；
信仰流浪到五六，本肇居士有新程。

詠吳元俊皈依

台大志工吳元俊，普渡衆生他最行；
服務人生正確觀，本立居士尚風景。

詠關麗蘇皈依

活動組長關麗蘇，退休生活有射鵠；
皈依我佛展新姿，本紀居士生有福。

詠台大退聯會會友吟稿

詠吳信義皈依

校園志工吳信義，中國統一最出力；台北道場也常去，本傳居士好福氣。

詠宣家驊將軍

一生戎馬宣家驊，創會元老一把刷；將軍義工多寫意，穆王八駿頂瓜瓜。

詠路統信老哥

精神熠煜做義工，憂國憂民不放鬆；遠望雜誌勤用心，反獨倒扁挺一中。

詠理事長沙依仁教授

沙依仁像我媽媽，犧牲享受如菩薩；勤勞苦幹不退休，獻身本會很瀟灑。

詠方祖達教授

獻身台大方祖達，志工閒情真瀟灑；青藏三峽好風光，祖國發達笑哈哈。

詠陳美枝大姊

美枝大姊真美景，遠觀意象很清新；近看人兒想當年，校園志工好心情。

詠鍾鼎文老哥

台大退聯會有寶，鍾鼎文君是大老；鍾靈毓秀做志工，有情有義真是好。

詠台大夜間部同事老友

陳昌枬蹲在這裡，一蹲幾十載真奇；詩文國史藏滿腹，良才未展太可惜。

學務組長秦亞平，他搞學務方法新；股市操盤也好手，美台中跑很多金。

詠台大教官室友

國慶生時正國慶，做人做事都很行；台獨要改國慶日，問君心中平不平？
指參同學王潤身，天生就是好命人；獻身台大當教官，如今再無往日神。
麗雪不大當元老，上班打拚爲一少；力挺軍訓好朋友，眼看光景好又妙。

詠台大教授山友賀德芬

纖纖女子賀德芬，台大法律一強人；三叉向陽嘉明湖，後燃紅火成女神。
註：「紅火」指賀德芬最初點燃紅衫軍倒扁之火一事。

詠台大聯合辦公室志工鄭展堂先生

台大志工鄭展堂，過風雨未見滄桑；週遊列國見大勢，人生寫意就芬芳。

詠台大女五舍彭菊蘭小姐

阿蘭天生是好才，獻身台大三十載；藍天正義她有功，善緣好福已經來。

台大校園風月美景醉吟草

醉月湖色美，晚來情更絕。一夜露水即將逝，依依不捨歸。片雲誰來愛，香波艷麗彩。伊人密語不想回，相約明晚來。（醉月湖邊雲）

靜靜一邊坐，慢慢咖啡燒；婷婷玉立舞，緩緩向窗台；詩語聲細細，香氣飄滿室，無語勝有言，蓮步移過來。（辦公室間花）

彩蝶翩飛仙女姿，胭脂飄香花如詩；明眸款款傳情話，今晚不約是白痴。（浣花吟）

午夜香吻，牽動情絲多少種？今宵爛漫，左右想妳好，咬著丁香不放。

醇酒美人，衆花林立妳最俏，露水知曉，晨風也妖嬌，想著若是多好。（露水吟）

夢花隨筆吟

我佛慈悲不容貪，分裂政客整座山；永不超生篡竊者，輪迴大道昭昭然。

生活感懷吟詠

感時

少讀春秋學先賢，工作讀書律己嚴，雄心壯志西風去，誰不瘋狂枉少年。

心想事成

幻夢開出一江山，成王擁妾並不難；
春秋巨椽手中握，高興幹啥就幹啥。

鄉愁吟

五十年前籍貫蜀，千里鄉關夢中筑；
統一大業大家推，兩岸論戰更糊塗。

台大退聯會宜蘭遊吟

台大退聯會，領隊楊建澤。蘭陽去遠足，遊覽車歡唱。海天前一色，青峰深處幽。
中餐吃山產，晚餐海裡游。

台大退聯會訪佛光大學吟

林美山中佛大學，步步高昇幾百階；
回頭看山雲海天，學子求知須敬業。
中國文化在這邊，東亞儒學現眼前；
總攝儒釋道三家，藝術詮釋握主權。

詠佛光山台北道場師兄姊與台大諸友詩草

詠劉公浦師兄

當年革命老大哥，早已頓悟開新河；監獄宣講佛教義，普渡衆生很快樂。

詠李育麗師姊

早皈我佛李育麗，服務精神她第一；世間貪腐也要批，伊講佛法風旖旎。

詠范鴻英師姊

台北道場范鴻英，見到她人風景新；回眸的笑有慧根，宣揚佛法伊也行。

詠蔣湘蘭小姐

惠質蘭心蔣湘蘭，很早頓悟能解禪；陽明風水益身心，我佛助妳過大山。

詠關麗蘇師姊

前塵往事平常心，皈依我佛好心情；如今打開一扇門，進去探究好風景。

詠吳元俊師兄

當年熱血去革命，如今向佛獻慇懃；帶領大家去佛門，看似叢林生力軍。

詠吳信義師兄

復興崗上種桃李，遍地花開不稀奇；走過花林未動心，今在道場春如熙。

詠雙連坡上一朵清新的李花

坡上李花嫩雪白，秋月嬌羞款款來；夜來花落仙女飄，花瓣風中慢解開。
李花情竇才初開，有緣情人偶然摘；夜來風雨頻催花，涓涓細水雲亂釵。
李花情水深千尺，任誰眼裡是西施；從此一別西風去，再賞李花待何時？

往事感懷詩草

中興嶺眷村拆了，往事剩多少，小島近年很傷風，故國不堪回首三月中。房產薪水都還在，只是心情改，台獨貪腐多鎖國？恰似快乾水泥正在流。

詠念台大一老同學（夜間部學務組長周禮鶴）

吃齋念佛信上帝，才過五十就大去；人生無常是眞理，快樂無愧才寫意。
涅槃滅熄有因果，實相假相問佛陀；吃喝嫖賭任由他，愛恨情仇再探索。

台灣文壇感懷吟詠

文壇擂台如政壇，口劍濁水權力煽；
所幸這裡沒大利，否則篡竊也當然。

二〇〇八大選藍營大勝觀察記實吟詠

自由時報解讀小馬哥大贏原因

馬營大營何原因？自由時報道眞情，不說台獨不批貪，只道女粉絲瘋景。

自由時報風格〈獨派報紙〉

自由時報遍撒鹽，找尋傷口下重鹹，見縫插針再擴大，缺德又兼心險奸。

台獨執政的本質、現象與下場

執政八年大貪腐，撕裂族群搞台獨，閩南沙文主義操，一夕烏有抱頭哭。

致國際流浪女奴兼倭奴金美齡

體內流著炎黃血，自我否定質變劣，中國台灣都遺棄，倭奴國裡偷苟且。

致偽高雄市長陳菊

別說政績沒路用，別說包裝太平庸；敗在台獨貪腐路，台獨再搞亂無窮。

詠大雪山國家森林遊樂區一個導遊如是說

日本若能續殖民，台灣浪漫歐洲情；雪山神木去那裡？國黨嫁禍日本兵。

綠營敗選緣何因？內部潛藏藍營螟；報導貪腐到處傳，七百萬人沒眼睛。

註：二〇〇八年四月十二、十三日兩日，到大雪山旅遊，一個男性導遊，以「志工」之名爲遊客服務，但他「藉機」宣傳台獨思想，滿腹漢奸和亡國奴心態而不自知，不覺悟，眞可悲！

本書作者重要著編譯作品及購買方法

編號	書　　名	出版者	定價	備註（性質）
1	國家安全與情治機關的弔詭	幼獅	200	軍訓國防通識參考書
2	決戰閏八月：中共武力犯台研究	大人物	250	國防、軍事、戰略
3	防衛大台灣：台海安全與三軍戰略大佈局	大人物	350	國防、軍事、戰略
4	非常傳銷學（與范揚松合著）	大人物	250	直銷教材
5	孫子實戰經驗研究：孫武怎樣親自驗證「十三篇」	黎明	290	孫子兵法研究
6	解開兩岸 10 大弔詭	黎明	280	兩岸關係
7	大陸政策與兩岸關係	黎明	290	（同上）
8	從地獄歸來：愛倫坡（Edgar Allan poe）小說選	慧明	200	翻譯小說
9	尋找一座山：陳福成創作集	慧明	260	現代詩
10	軍事研究概論（與洪松輝等合著）	全華	250	軍訓國防通識參考書
11	國防通識（高中、職一二年級共四册）學生課本	龍騰	時價	部頒教科書
12	國防通識（高中、職一二年級共四册）教師用書	龍騰	時價	部頒教科書
13	五十不惑：一個軍校生的半生塵影	時英出版社	300	我的前傳
14	國家安全與戰略關係		300	國安、戰略、研究
15	中國學四部曲　首部曲：中國歷代戰爭新詮		350	戰爭研究
16	二部曲：中國政治思想新詮		400	政治思想研究
17	三部曲：中國四大兵法家新詮（孫子、吳起、孫臏、孔明）		350	兵法研究
18	四部曲：中國近代黨派發展研究新詮		350	政治、黨派研究
19	春秋記實：台灣地區獨派執政的觀察與批判		250	現代詩、政治批判
20	歷史上的三把利刃：部落主義、種族主義、民族主義		250	歷史、人類、學術
21	國家安全論壇（軍訓、國防、通識參考書）		350	國安、民族主義
22	性情世界：陳福成情詩選		300	現代詩、情話
23	新領導與管理實錄（金像獎得獎作品）		時價	特殊環境領導管理
24	春秋圖鑑：回頭看中國百年史（千張圖解）	文史哲出版社	時價	春秋、正義
25	春秋正義		300	春秋、正義、學術
26	頓悟學習		260	人生、頓悟、學習
27	公主與王子的夢幻		300	書簡、小品、啓蒙
28	幻夢花開一江山（傳統詩風格）		200	人生、詩歌、小品
29	奇謀迷情與輪迴：被詛咒的島嶼㈠		220	政治、奇謀、言情小說
30	奇謀迷情與輪迴：被詛咒的島嶼㈡		時價	出世、入世、奇緣小說
31	我的永恆名片：自我實現的歷程——向您行銷我的生生世世		時價	本書作者、作品簡介，人生啓蒙、自我實現。

註：以上編號 1～29 已全部出版完畢，其他也將在近年出版，敬請期待

購買方法：

方法 1.全國各書店
方法 2.各出版社
方法 3.郵局劃撥帳號：22590266　戶名：鄭聯臺
方法 4.電腦鍵入關鍵字：博客來網路書店→時英出版社
方法 5.時英出版社　電話：（02）2363-7348　（02）2363-4803
　　　　地址：台北市新生南路 3 段 88 號 3 樓之 1
方法 6.Http://CFQ.intaichung.com.tw
方法 7.Http://goods.ruten.com.tw/item/show? 11061118078475
方法 8.文史哲出版社：（02）2351-1028　郵政劃撥：16180175
　　　　地址：100 台北市羅斯福路 1 段 72 巷 4 號